Sebastian Summerer

Cloud Computing aus Sicht der Betriebswirtschaft

Welche Auswirkung hat Cloud Computing auf die Berechnung von TCO in der IT

GRIN Verlag

Bibliografische Information der Deutschen Nationalbibliothek:

Die Deutsche Bibliothek verzeichnet diese Publikation in der Deutschen National-
bibliografie; detaillierte bibliografische Daten sind im Internet über http://dnb.d-
nb.de/ abrufbar.

Impressum:

Copyright © 2012 GRIN Verlag GmbH
Druck und Bindung: Books on Demand GmbH, Norderstedt Germany
ISBN: 978-3-656-76689-6

Dieses Buch bei GRIN:

http://www.grin.com/de/e-book/282334/cloud-computing-aus-sicht-der-betriebs-
wirtschaft

GRIN - Your knowledge has value

Der GRIN Verlag publiziert seit 1998 wissenschaftliche Arbeiten von Studenten, Hochschullehrern und anderen Akademikern als eBook und gedrucktes Buch. Die Verlagswebsite www.grin.com ist die ideale Plattform zur Veröffentlichung von Hausarbeiten, Abschlussarbeiten, wissenschaftlichen Aufsätzen, Dissertationen und Fachbüchern.

Hochschule für Oekonomie & Management

Berufsbegleitender Studiengang zum Diplom-Kaufmann (FH)

Diplomarbeit

Cloud Computing aus Sicht der Betriebswirtschaft - Welche Auswirkung hat Cloud Computing auf die Berechnung von TCO in der IT

Autor:

- Sebastian Summerer

26. Januar 2012

Abstract

Die Betrachtung der Total Cost of Ownership in der IT hat in den vergangenen Jahren an Bedeutung gewonnen. Die Berechnung der TCO wird aber auch, neben der ganzheitlichen Betrachtung der IT, auf einzelne Bereiche, Applikationen oder Services angewendet. Um ein Gesamtbild der Kostenstruktur für Bereiche der IT, Applikationen oder Services entstehen zu lassen, müssen sowohl die einmaligen am Anfang stehenden Investitionskosten für eine bestimmt Applikation, aber auch weitere Kosten betrachtet werden. Dies beginnt bereits bei der Anschaffung durch zum Beispiel benötigte Trainings, über den Betrieb und Wartung der Applikation oder Services bis hin zur Ablösung der Applikation, wodurch ebenfalls Kosten entstehen können.

Seit GartnerGroup das Prinzip des TCO in den frühen 80er Jahren entwickelt hat, sind unterschiedliche Modelle und Berechnungsformen hinzugekommen. Viele Unternehmen und speziell weltweite Konzerne setzen schon lange auf die Berechnung der TCO um die Kosten im Unternehmen besser verfolgen zu können. Unternehmensbereiche sind hierfür schon immer die Bereiche Produktion, Vertrieb und Marketing gewesen. In den letzten Jahren sind auch die IT-Kosten immer mehr ins Zentrum der Betrachtungen gerückt. Hierbei spielte vor allem die Steigerung der Effizienz der IT eine entscheidende Rolle. Die Budgets der IT werden vor allem in für das Unternehmen schwierigen Zeiten beschnitten. Dies führt häufig zu einem Stopp von IT-Projekten, da das Budget für die vorhandenen Services und den Betrieb von Applikationen verwendet wird. Dabei wird auch der Umstieg auf neue Technologien, besonders im Serverapplikationsbereich, verschoben oder komplett ausgelassen. Dies führt zu einen Investitionsstau, welchen die Unternehmen zu einem späteren, für sie passend erscheinenden Zeitpunkt wieder abbauen.

Seit mehreren Jahre gibt es nun bereits eine neue Form des Betriebs von IT-Infrastrukturen, mit welchem sich auch ein Teil dieses Investitionsstaus abbauen lässt. Cloud Computing kann sich jedoch nicht in die bereits vorhandenen Modelle des TCO eingegliedert werden, da es sich um eine komplett andere Betriebsform der IT handelt. Aus diesem Grund ist es notwendig die bereits vorhandenen TCO-Modelle für die IT abzuwandeln und an das Cloud Computing anzupassen.

Ziel dieser Diplomarbeit ist es, das Thema Cloud Computing aus der Sicht der Betriebswirtschaft zu erörtern. Hierfür werden unterschiedliche Modelle des konventionellen IT-Controlling betrachtet und auf das neue Modell Cloud Computing angepasst. Klar im Fokus soll hierbei das Modell der Total Cost of Ownership stehen. Diese werden während der Diplomarbeit auf das Cloud Computing angepasst und stellen dadurch eine gute Bewertungsgrundlage für Kunden da, um eine komplette Übersicht der zukünftigen bzw. der bereits entstandenen Kosten zu generieren und diese im Anschluss mit einer konventionellen IT-Lösung zu vergleichen.

Hierfür wird zu Beginn eine Einführung in das Thema Cloud Computing gegeben. Hierbei wird speziell auf die Abrechnungsmodelle und Kostenstrukturen eingegangen. Diese Einführung dient vor allem der Schaffung von Grundlagen und wird nicht vertieft. Für einen tieferen Einstieg in das Thema Cloud Computing dient die vorausgegangene Diplomarbeit „Cloud Computing aus Nutzer- und Anbietersicht". Im Anschluss wird eine Übersicht über die vorhandenen Methoden zur Messung der Wirtschaftlichkeit von IT-Infrastrukturen gegeben. Dabei werden die unterschiedlichen Kosten, Modelle und Berechnungsmodelle betrachtet. Im Fokus stehen hierbei verschiedene Theorien, insbesondere das Thema Total Cost of Ownership. Im darauf folgenden Kapitel werden die Grundlagen zusammengefasst und daraus ein Model entwickelt, welches zur Berechnung von TCO und der Anwendung weiterer Theorien auf Cloud Computing Diensten verwendet werden kann. Dieses wird im Anschluss mit bereits entwickelten Modellen verglichen. Bevor am Ende das Fazit gezogen wird, betrachtet und analysiert die Arbeit anhand eines Praxisbeispiels das TCO-Modell und die Berechnung des ROI für Cloud Computing.

Inhaltsverzeichnis

III

Abkürzungsverzeichnis

Amazon S3	Amazon Simple Storage Service
Amazon EC2	Amazon Elastic Cloud Computing
AO	Abgabenordnung
API	Application programming interface
AWS	Amazon Web Service
BDSG	Bundesdatenschutzgesetz
BPOS	Business Productivity Online Suite
CaaS	Communications as a Service
CPU	Central processing unit
DaaS	Data Storage as a Service
DB	Datenbank
FTC	Federal Trade Commission
FTP	File Transfer Protocol
HGB	Handelsgesetzbuch
IaaS	Infrastructure as a Service
ISO	International Organization for Standardization
MS	Microsoft
PaaS	Platform as a Service
RDP	Remote Desktop Protocol
ROI	Return on Investment
SaaS	Software as a Service
SAS	Statement on Auditing Standards
SIP	Session Invitation Protocol
SLA	Service Level Agreement
SPI	Software, Platform and Infrastructure
SSH	Secure Shell
TCO	Total Cost of Ownership
UCSB	University of California, Santa Barbara

Abbildungsverzeichnis

1 Einleitung

Vom Großrechner, welcher Keller füllte, über die Client-Server-Architektur hin zum Internet und der Virtualisierung. Experten, wie die GartnerGroup, sind sich sicher, dass Cloud Computing in der Zukunft eine entscheidende Rolle spielen wird. Hierzu kann der von Gartner alljährlich veröffentlichte Hype Cycle heran gezogen werden.[1] Dieser gibt neben den in den nächsten Jahren zu erwartenden neuen Technologien in der IT auch Aufschluss darüber, welche Themen bereits heute einer Betrachtung wert sind.

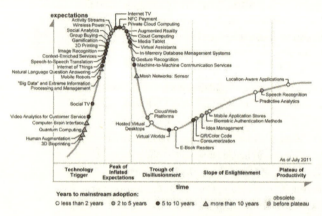

Abbildung 1: Gartner Hype Cycle 2011
Quelle: Entnommen aus o.V. (2011b, o.S.)

Aus diesem Grund ist es für das Controlling der IT und für Entscheidungen, die IT betreffend, unerlässlich bereits bekannte Methoden zur Messung der Effektivität und Effizienz der IT-Infrastruktur auf die neue Technologie des Cloud Computing anzupassen. Einige große Beratungsunternehmen haben bereits damit begonnen, verschiedene Dienstleistungen miteinander zu vergleichen.[2] Hierbei werden aber selten alle Kosten mit einbezogen. Im Fall des Kostenvergleichs von Exchange Online und Exchange vor Ort durch den Microsoft Cloud Berater Himmlische IT werden zum Beispiel die Kosten für den Betrieb außer Acht gelassen.[3]

Darüber hinaus hat Forrester Research bereits einen Cloud-Calculator entwickelt und diesen zur freien Benutzung im Internet freigegeben. Dieser legt aber nicht offen, wie er OnPremise- und Cloud-Lösungen miteinander vergleicht, welchen Anbieter er dafür verwendet und wie sich die Kosten in der Berechnung zusammensetzen.[4] Die Arbeit

---

[1]Vgl. o.V. (2011b), o.S..
[2]Vgl. Kappen (2011), o.S..
[3]Vgl. Kappen (2011), o.S..
[4]Vgl. o.V., o.S..

wird daher zunächst einen Überblick über die Grundlagen des Cloud Computing geben, bevor auf die Grundlagen des IT-Controllings eingegangen wird. Danach erfolgt die
Entwicklung von Methoden um Cloud-Dienste aus einer kaufmännischen Sicht bewerten
zu können. Diese Methoden werden in Kapitel fünf verwendet, um anhand eines Pra-
xisbeispiesl, die Vorteile des Cloud Computing für die kaufmännische Betrachtung der
IT darzulegen. Zuletzt wird ein Fazit über die Zukunft des Cloud Computing gegeben
und weitere offene Fragestellungen genannt.

2   Grundlagen des Cloud Computing

Um die kaufmännischen Zusammenhänge und die, durch das Cloud Computing entstehenden, Kosten einordnen zu können, wird in diesem Kapitel eine Einführung in die Grundlagen des Cloud Computing geliefert. Dabei wird nicht auf die technischen Varianten eingegangen, sondern ein Überblick über die Möglichkeiten und die verfügbaren Dienste gegeben. Darüber hinaus wird das neue Bezahlsystem Pay as you go betrachtet und die Abrechnungsmodelle einiger Anbieter erörtert. Das Kapitel wird durch eine Betrachtung von Aspekten des Datenschutzes, der Datensicherheit und einer Betrachtung des Begriffs Vertrauen abgerundet. Die Zusammenfassung mit einer kurzen Betrachtung der Vor- und Nachteile des Cloud Computing stellt den Abschluss des Kapitels dar.

2.1   Cloud Computing-Ebenen und Varianten

Cloud Computing stellt eine neue Entwicklungsstufe der IT dar. Diese Technologie zeichnet sich besonders durch ihre Flexibilität und die Möglichkeit aus, weit stärker als in der IT-Infrastruktur vor Ort nach unten und oben zu skalieren.[5]

Durch diese neue Technologie ist es für Unternehmen möglich, die vorhandene IT-Kapazität an die tatsächlich benötigte Kapazität jederzeit anzupassen. Diese Neuerung definiert Michael Armbrust in seinem Buch als Hauptcharakteristikum des Cloud Computing:

> „The appearance of infinite computing resources available on demand, quickly enough to follow load surges, thereby eliminating the need for cloud computing users to plan far ahead for provisioning.
>
> The elimination of an up-front commitment by cloud users, thereby allowing companies to start small and increase hardware resources only when there is an increase in their needs.
>
> The ability to pay for use of computing resources on a short-term basis as needed (for example, processors by the hour and storage by the day) and release them as needed, thereby rewarding conservation by letting machines and storage go when they are no longer useful."[6]

Die Definitionen des Cloud Computing bekannter Experten unterscheiden sich in einzelnen Teilbereichen signifikant, jedoch haben alle Modelle und Definitionen gemeinsam, dass sie das Cloud Computing in unterschiedliche Ebenen und Varianten einteilen. Diese werden im Folgenden erörtert. Jedoch wird nur auf die, in der Wissenschaft definierten, vier Varianten eingegangen.

---

[5]Vgl. Plummer (2009), o.S.
[6]Vgl. Michael Armbrust (2010), S. 61.

2.1.1   Von der Private bis zur Public Cloud - Die Varianten

Die Definitionen der einzelnen Varianten aus verschiedenen Richtungen der Wissenschaft und Wirtschaft überschneiden sich sehr stark und lassen sich damit gut in ein Gesamtbild integrieren. Bei den Varianten geht es vor allem um den Standort der Cloud Lösung. Im Folgenden werden die vier in der Wissenschaft am häufigsten verwendeten Varianten erörtert. Dabei wird besonders auf die Lokation der Lösung eingegangen, aber auch Beispiele werden genannt.

Die Public Cloud

Die gängigste aller Cloud Computing Varianten ist die der Public Cloud. Viele IT-Verantwortliche haben sich in den vergangenen Monaten mit dieser auseinandergesetzt und versucht, diese in Konzepten in ihre bisherige IT-Infrastruktur zu integrieren und dadurch zu bewerten.[7] Das signifikanteste Merkmal der Public Cloud ist die Tatsache, dass diese Variante nicht innerhalb der IT-Umgebung eines Unternehmen betrieben wird.[8] Die Mehrzahl der Angebote auf dem Markt der Public Cloud wird durch IT-Dienstleister oder Hersteller von IT-Geräten bereitgestellt. Ein zweites entscheidendes Merkmal, das die Public Cloud von der im Anschluss erörterten Community Cloud unterscheidet, ist die Verfügbarkeit des Angebots. So steht die Public Cloud theoretisch jeder Person oder jedem Unternehmen zur Verfügung.[9] Dieser theoretische Ansatz wird teilweise durch Einstiegshürden in der Praxis ausgehebelt. Verwendet ein Unternehmen die Public Cloud, so ist seine Infrastruktur physikalisch nicht von anderen Kunden getrennt. Die Trennung der Infrastrukturen erfolgt durch den Anbieter auf einer logischen Ebene.[10]

Das in den USA ansässige NIST (National Institute of Standards and Technology) hat die Public Cloud wie folgt definiert: „The cloud infrastructure is made available to the general public or a large industry group and is owned by an organization selling cloud services.[11]"

Die Community Cloud

Verfolgen unterschiedliche Unternehmen, Behörden oder Institute den gleichen oder einen ähnlichen Ansatz bei der Verwendung von Cloud Computing und möchten aus den unterschiedlichsten Gründen nicht die Variante Public Cloud verwenden, können sie sich gemeinsam für den Einsatz einer Community Cloud entscheiden. Diese Variante des Cloud Computing steht dann nur der Gruppe von Unternehmen oder anderen Institutionen zur Verfügung, die sich zu dieser Gruppe mit ihren speziellen Anforderungen zusammengeschlossen haben. Gemeinsame Anforderungen an die Cloud-Lösung

---

[7]Vgl. Michael Armbrust (2010), S. 61.
[8]Vgl. Peter Mell (2011), S. 3.
[9]Vgl. Michael Armbrust (2010), S. 61.
[10]Vgl. Michael Armbrust (2010), S. 62.
[11]Vgl. Peter Mell (2011), S. 3.

können hierbei zum Beispiel die Themen Datensicherheit und Datenschutz umfassen.[12] Zum Betrieb dieser Cloud Computing Lösung stehen der Gruppe zwei Möglichkeiten offen. Sie können, wie auch schon bei der Public Cloud, einen externen Anbieter verwenden, der aber nur der vorher definierten Gruppe die Cloud Infrastruktur zur Verfügung stellt oder zumindest physikalisch die Infrastruktur von anderen trennt. Oder die Gruppe betreibt die Cloud Infrastruktur selbstständig bei einem seiner Mitglieder vor Ort und stellt sie dann den anderen Institutionen zur Verfügung.[13]

Das NIST hat die Community Cloud in Abgrenzung zur Public Cloud wie folgt definiert „The cloud infrastructure is shared by several organizations and supports a specific community that has shared concerns (e.g., mission, security requirements, policy, and compliance considerations). It may be managed by the organizations or a third party and may exist on premise or off premise.[14]"

Die Private Cloud

Der nächste logische Schritt, nach der Variante für alle und der Variante für eine Gruppe, ist die eine Cloud Variante, die nur für ein Unternehmen betrieben wird. Diese Umgebung nennt die Wissenschaft und Wirtschaft Private Cloud und steht nur einer Institution zur Verfügung.[15] Zur Bereitstellung der Private Cloud Infrastruktur wird eine hochautomatisierte virtuelle Umgebung von Seiten der IT zur Verfügung gestellt, auf der die Dienste im Anschluss dem Endanwender bereitgestellt werden.[16] Das Alleinstellungsmerkmal besteht darin, dass diese Infrastruktur nur dem Unternehmen zur Verfügung steht, welche diese auch betreibt. Bei der Bereitstellung dieser Cloud Variante wird im Gegensatz zu den anderen bisher erörterten Varianten nicht nur eine logische Verknüpfung mit dem Unternehmen hergestellt. Viel mehr befindet sich die Infrastruktur auch physikalisch innerhalb des Unternehmensnetzwerkes und lässt sich somit genau einem Unternehmen zuordnen.[17]

Das NIST hat für diese Variante ebenfalls eine Definition veröffentlicht: „The cloud infrastructure is provisioned for exclusive use by a single organization comprising multiple consumers (e.g., business units). It may be owned, managed, and operated by the organization, a third party, or some combination of them, and it may exist on or off premises.[18]"

Die Hybrid Cloud

Die vierte, aus der Wissenschaft stammenden Definition für das Cloud Computing, ist die der Hybrid Cloud. Um eine Hybrid Cloud zu errichten, müssen verschiedene andere

---

[12]Vgl. Weichert (2010), S. 680.
[13]Vgl. Peter Mell (2011), S. 3.
[14]Vgl. Peter Mell (2011), S. 3.
[15]Vgl. Michael Armbrust (2010), S. 61.
[16]Vgl. John W. Rittinghouse (2010), S. 24.
[17]Vgl. Rajkumar Buyya (2011), S. 15.
[18]Vgl. Peter Mell (2011), S. 3.

Varianten miteinander kombiniert werden. Dies kann zum Beispiel durch die Kombination von Public und Private Cloud erfolgen.[19] Um dies zu veranschaulichen, sei zum Beispiel der Betrieb eines Clusters zur Berechnung von Luftströmen bei der Automobilentwicklung genannt. Hierbei werden für Zeiten mit rechenintensiven Berechnungen die Cluster aus der Private Cloud durch die Hinzunahme von Rechnerkapazitäten aus der Public Cloud ergänzt und somit die Performance des gesamten Systems sichergestellt.[20] Die beiden Cloud Varianten kommunizieren hierbei über, im Vorfeld definierte und von dem Public Cloud-Anbieter angebotene Schnittstellen. Dadurch entsteht für den Benutzer der Eindruck als würde er auf einer Umgebung arbeiten und nicht auf zwei physikalisch voneinander getrennten Systemen.[21],

Auch hierfür steht vom NIST eine Definition zur Verfügung: „The cloud infrastructure is a composition of two or more distinct cloud infrastructures (private, community, or public) that remain unique entities, but are bound together by standardized or proprietary technology that enables data and application portability (e.g., cloud bursting for load balancing between clouds).[22]"

2.1.2 Von der Infrastruktur bis zur Software - Die Ebenen

Im Folgenden sollen die verschiedenen Ebenen des Cloud Computing Betrachtung finden. Ging es bei den Varianten um den Standort der Cloud Lösung, so ist das Unterscheidungsmerkmal der Ebenen der angebotene Dienst. Im Gegensatz zu den Varianten sind sich die Experten bei den Ebenen nicht ganz einig wie diese unterteilt werden können. Einige, der bis heute erstellten Klassifikationen, unterteilen einzelne Ebenen weiter als Andere.[23] Häufig werden jedoch die drei Ebenen Infrastruktur[24], Platform[25] und Software[26] zur Unterteilung des Cloud Computing verwendet. Diese Begriffe werden mit dem Zusatz as a Service ergänzt. Es werden nun diese drei Begriff näher erläutert.

Cloud Computing für den IT-Administrator - Infrastructure as a Service - IaaS

Der Begriff Infrastructure as a Service, in der Literatur auch als Cloud Software Infrastructure-Layer bezeichnet[27], steht für einen Service aus dem Bereich des Cloud Computing, der Dienste der IT zur Verfügung stellt, welche die Grundlage einer IT Infrastruktur bilden. Diese grundlegenden Dienste werden in der Wissenschaft in drei Bereiche unterteilt.

---

[19]Vgl. Weichert (2010), S. 680.
[20]Vgl. Rajkumar Buyya (2011), S. 16.
[21]Vgl. Weichert (2010), S. 680.
[22]Vgl. Peter Mell (2011), S. 3.
[23]Vgl. Hoff (2009), o.S.
[24]Vgl. Lamia Youseff (2008), S. 3.
[25]Vgl. Anderson (2008a), o.S.
[26]Vgl. Crandell (2008), o.S.
[27]Vgl. Syed A. Ahson (2011), S. 8.

Zur Speicherung von Daten benötigt ein Unternehmen Speicherplatz. Diesen stellen Cloud-Betreiber zur Verfügung, den das Unternehmen durch die eigene IT verwalten und nach eigenen Vorstellungen verwenden kann. Um dem Kunden Zugriff auf den Speicherplatz zu gewähren, stellen die Anbieter dieser Services unterschiedliche Schnittstellen und Protokolle zur Verfügung. Dies fängt bei gängigen Protokollen, wie File Transfer Protocol (FTP) oder Secure Shell (SSH) an, geht über die Verwendung eines Webinterfaces bis hin zur Verwendung eines Clients, welcher vollautomatisch die Daten auf dem Computer, Tablett oder SmartPhone mit dem Speicherplatz des Cloud-Anbieter abgleicht.[28] Dieser Service wird in einigen Publikationen ebenfalls als Data-Storage as a Service (DaaS) bezeichnet.[29]

Eine weitere Komponente der IT-Infrastruktur, ist die Verwendung von Computer Ressourcen.[30] Der Anbieter stellt hierbei eine, im höchsten Maße automatisierte, virtuelle Umgebung zur Verfügung, in der sich das Unternehmen durch Buchung einer dieser Ressourcen eine Rechenkapazität anmieten kann. Dabei kann der Kunde das Betriebssystem, die Software und die benötigten Hardwareanforderungen selbst zusammenstellen. Als Grundlage dieses Services wird häufig Speicherplatz aus der DaaS-Ebene herangezogen, um die Umgebung möglichst hoch skalierbar aufzubauen. Ein wichtiges Unterscheidungsmerkmal zwischen den einzelnen Anbietern sind die, dem Kunden zur Verfügung gestellten Administrationswerkzeuge. Diese können von Webzugriff über Remotezugriffsmöglichkeiten, wie zum Beispiel über das Remote Desktop Protokoll (RDP) und SSH, bis hin zum Konsolenzugriff reichen.[31]

Der letzte Bereich wird als Communications as a Service (CaaS) bezeichnet. Der Begriff bezeichnet hierbei die Schaffung einer Kommunikationsinfrastruktur und nicht die Kommunikationsmöglichkeit zwischen Endbenutzern, welche der Ebene Software as a Service zuzuordnen ist. Grundlegende Services innerhalb des CaaS sind das Session Initiation Protokoll (SIP), der Security und der Directory Service.[32]

Die IaaS-Ebene bildet wie bereits beschrieben in vielen Fällen die Grundlage für die Ebene Platform as a Service.

Cloud Computing für den Entwickler - Platform as a Service - PaaS

Ist die IaaS Schicht eher für IT-Systemadministratoren geeignet, so stellt die auch öfters als Cloud Softwareentwicklungs-Layer genannte, PaaS-Ebene Ressourcen zur Entwicklung von Software oder Dienstleistungen zur Verfügung. Die Abnehmer dieser Dienste sind daher meist Entwicklungsunternehmen.[33] Der Entwurf, die Programmierung, die

[28]Vgl. o.V. (2012), o.S.
[29]Vgl. Anderson (2008a), o.S.
[30]Vgl. Anderson (2008a), o.S.
[31]Vgl. Syed A. Ahson (2011), S. 8.
[32]Vgl. Hofstader (2007), o.S.
[33]Vgl. Anderson (2008b), o.S.

8

Teststellungen und die Paketierung, wird dabei wie früher On-Premise, also in der Umgebung der Entwickler durchgeführt.[34] Ist die Entwicklung abgeschlossen wird sie aber nicht On-Premise in den Betrieb genommen, sondern auf einer von den Entwicklern zuvor ausgewählten PaaS-Plattform. Durch die Verwendung von bereits bekannten Enterprise Modellen, wie zum Beispiel JEE und .Net, wird die Einstiegshürde verkleinert, da eine Migration aus einer On-Premise auf eine Cloud basierte Umgebung durch die Entwickler vereinfacht wird.[35]

Zur Verwendung der Dienste aus der Ebene des IaaS stehen dem Entwickler Programmierschnittstellen (application programming interface - APIs) zur Verfügung. Damit kann er seine Lösung so entwickeln, dass diese auf Speicherressourcen und Datenbanken zugreifen kann.[36] Dadurch wird eine bessere Skalierung bei höherem Ressourcenbedarf erreicht. Die auf PaaS basierende und von einem Entwickler bereitgestellte Anwendung, kann ein Service der nächsten und letzten Schicht des Cloud Computing sein. Aber nicht jeder PaaS Dienst ist automatisch ein SaaS-Angebot.

Cloud Computing für den Endanwender - Software as a Service - SaaS

Neben den Schichten für Administratoren und Entwickler, bietet die Cloud aber auch einen Lösungsansatz für Endanwender. Diese Ebene wird in der Literatur als Software as a Service oder kurz SaaS bezeichnet. Sie stellt für den Endanwender eine Möglichkeit da, auch ohne IT-Know-How, Dienste schnell und komfortabel einzusetzen. Die meisten Dienste werden dabei als Webservice zur Verfügung gestellt, welche der Endanwender selbst mit geringem Know-How konfigurieren und verwenden kann.[37]

Hierbei stehen dem Kunden unterschiedliche Dienste zur Verfügung. Sie reichen von dem einfach zu verwendenden E-Maildienst, über das umfangreiche, standardisierte CRM-Tool bis zu der auf PaaS-Ebene durch Entwickler erstellte Spezialdienste.[38] Der Kunde wird dabei von der Last befreit, sich ein eigenes IT Know-How anzueignen. Das Thema Verfügbarkeit wird, wie bei den anderen Cloud-Layern, über das Service Level Agreement (SLA) festgelegt[39].

2.1.3 Ebenen und Varianten auf einen Blick - Das Cloud-Diagramm

Um eine Übersicht zu geben, wie die Varianten und die Ebenen sich gegenseitig ergänzen hat es in den letzten Jahren vermehrt Versuche gegeben eine grafische Darstellung zu finden.[40]

4Vgl. o.V. (2011c), S. 18.
[35]Vgl. Wolff (2011), S. 1 f.
[36]Vgl. Wolff (2011), S. 1.
[37]Vgl. Anderson (2008a), o.S.
[38]Vgl. Gunten (2010), o.S.
[39]Vgl. Anderson (2008a), S. 4.
[40]Vgl. Lamia Youseff (2008), S. 3.

9

In dem in Abbildung zwei gezeigten Modell, wurden als Grundlage die verschiedenen Varianten Private, Public, Community und Hybrid Cloud verwendet. Darauf aufbauend wurden die nicht näher betrachteten Varianten Trusted und Dedicated Cloud eingefügt, um so ein ganzheitliches Bild auf Seiten der unterschiedlichen Varianten aufzuzeigen.

In der nächsten Spalte der Abbildung werden die einzelnen Ebenen dargestellt. Darunter befinden sich die Ebenen Infrastruktur, Hardware und Software. In der Ebene Infrastruktur sind alle Themen der Gebäude-, Strom-, Netzwerk- und WAN-Architektur zusammengefasst. Die Hardware-Ebene beschreibt die benötigte Serverhardware und die Software-Ebene den benötigten Hypervisor, die Management-Software und Monitoringsoftware.

Aus diesen Ebenen werden in der nächsten Spalte die benötigten Elemente der einzelnen Ebenen beschrieben. Aufgrund der Vielzahl dieser Elemente ist die Ansicht auf einige begrenzt, welche als Beispiele zu verstehen sind. Durch die Darstellung entsteht ein Cloud Computing Stack, der darstellt, welche Elemente der Ebenen aufeinander basieren und wie diese zusammenarbeiten.

Der Pfeil beschreibt die Voraussetzungen aller Ebenen. Hierzu gehören zum Beispiel das Service Level Agreement, die Zahlungs-Modalitäten und die Sicherheit des Cloud Computing.

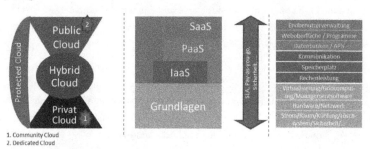

Abbildung 2: Grafische Zusammenfassung des Cloud Computing
Quelle: Angelehnt an Syed A. Ahson (2011, o.S)

2.2 Pay as you go - Das Bezahlsystem der Cloud

Nachdem die Möglichkeiten der verschiedenen Ebenen und Varianten des Cloud Computing im letzten Abschnitt betrachtet wurden, dient dieses Kapitel zur Einführung in die Zahlungsmodelle der Cloud. Die Abrechnungsmethode ist ein wichtiger Bestandteil des Cloud Computing, da es der Flexibilität der technischen Umgebung Rechnung trägt.[41] Sowohl in der Literatur als auch die Anbieter haben den Begriff des Pay as you go für die Bezahlung von Cloud-Diensten geprägt. Eine ähnliche Erscheinung gibt es bei Handyverträgen. Bei den von Handyanbietern angebotenen Prepaid-Veträgen, bezahlt der Kunde nur den tatsächlichen Verbrauch. In den vergangenen Jahren erfreut sich die Methode der Bezahlung zumindest bei Handyverträgen einer immer größeren Anzahl an Kunden.[42] Im Gegensatz zu den Handyverträgen, leistet der Cloud-Kunde jedoch keine Vorauszahlung, sondern bezahlt nur die tatsächlich verbrauchte Cloud-Dienstleistung.

Dies bringt einige Vorteile für Unternehmen mit sich. Im Normalfall plant die IT eines Unternehmens die benötigten Ressourcen eine gewisse Zeit im voraus und erstellt dabei eine Zukunftsprognose, welche die Kapazitäten der IT-Infrastruktur betrifft. Dies wird in Abbildung drei grafisch dargestellt. Hierbei bleibt offen, welchen Zeitraum die Prognose umfasst.

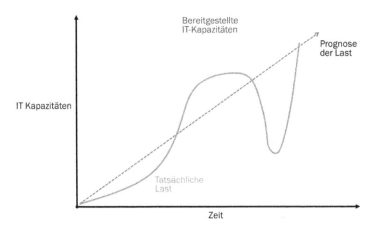

Abbildung 3: Grafik zur Prognose und tatsächlichen IT-Last
Quelle: Angelehnt an Syed A. Ahson (2011, o.S)

---

[41]Vgl. Chun Chen (2010), S. 5.
[42]Vgl. Summer (2009), o.S.

Nach dieser Prognose muss das Unternehmen nun die Planung der Beschaffung und Inbetriebnahme von Hardware, Betriebssystemen, Lizenzen und anderen IT-Ressourcen durchführen. Diese Entwicklung geschieht meist in Stufen. Ein Beispiel hierfür ist die erstmalige Beschaffung eines Netzwerkspeichers. Das Unternehmen hat eine anfängliche Kapitalinvestition um sich eine bestimmte Größe an Festplattenspeicher zu kaufen. Zu Beginn wird dieser wahrscheinlich nicht ausgelastet sein. Die Prognose lautet jedoch, dass nach einer bestimmten Zeitspanne der Speicher ausgeschöpft sein wird. Der einzige Weg eine Unterversorgung zu verhindern, ist die Beschaffung von mehr Speicherplatz. Damit wird die nächste Stufe erreicht. Entwickeln sich jedoch das Unternehmen, die Kundenprojekte oder andere Umweltfaktoren anders als von der IT geplant, so kommt es entweder im weniger schwerwiegenden Fall zu einer Überversorgung mit IT Kapazität oder in einem wesentlich gravierenderen Fall zu einer Unterversorgung mit IT Kapazität. In dem Speicherplatzbeispiel können die Mitarbeiter keine Daten mehr ablegen, da der Speicherplatz erschöpft ist. Dies hat unmittelbare Folgen auf die Produktivität der Mitarbeiter, da diese nicht in uneingeschränkter Form ihrer Arbeit nachgehen können. Daraus resultieren für das Unternehmen niedrigere Umsätze und im schlimmsten Fall sogar der Verlust von Kunden. Erreicht ein Unternehmen darüber hinaus einmal eine bestimmt IT Kapazität innerhalb des Unternehmens, können die entstehenden Fixkosten nur sehr schwierig abgebaut werden. Diese Tatsache hat eine Belastung des IT Budgets zur Folge. Nachfolgend wird die On-Premise-Lösung in Abbildung drei eingefügt, wodurch Abbildung vier entsteht.

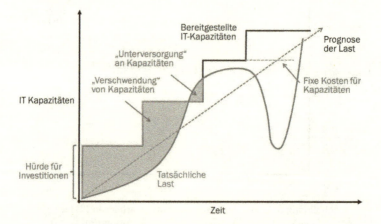

Abbildung 4: Darstellung der Skalierbarkeit in On-Premise-Umgebungen
Quelle: Angelehnt an Syed A. Ahson (2011, o.S)

Im Gegensatz zu den herkömmlichen Modellen der IT steht das Modell der Cloud. Das Zahlungssystem pay as you go ermöglicht es Organisationen, immer genau die IT-Kapazität zu beziehen, die sie zu einem bestimmten Zeitpunkt benötigen und genau diese Menge auch zu bezahlen. Um bei dem Beispiel des Speicherplatzes zu bleiben. Ein Unternehmen entschließt sich Amazons Cloudspeicherservice Simple Storage Service (S3) zu verwenden. Im Gegensatz zur OnPremise Lösung muss nicht in Hardware und die Installation investiert werden, sondern nur in die Einrichtung des Dienstes. Der Speicher wächst dann anhand der Bedürfnisse der Organisation. Das bedeutet, wenn das Unternehmen mehr Speicherplatz benötigt, verwendet es mehr Ressourcen des S3-Dienstes, ohne sich Gedanken um die technische Realisierung machen zu müssen. Benötigt das Unternehmen aufgrund des Abschlusses eines großen Projektes mit Datenübergang an den Kunden signifikant weniger Speicherplatz, verwendet es einfach weniger Ressourcen bei Amazon, auch wieder ohne sich Gedanken machen zu müssen, wie der Speicherplatz anderweitig verwendet werden kann. Die Berechnung der Verwendung des Dienstes erfolgt stündlich. Das Unternehmen kann also nicht nur auf der technischen Seite nach oben und unten skalieren, sondern mit dem Pay as you go-Modell ist dies auch auf der Kostenseite möglich. Die verschiedenen Cloud-Anbieter bieten hierbei jedoch unterschiedliche Zeitintervalle an. Dies reicht von der stündlichen Berechnung wie bei Amazon[43] bis hin zur einjährigen Bindung bei Microsofts Office 365.[44] Der Unterschied zwischen einer On-Premise- und der Cloud-Lösung wird in Abbildung fünf deutlich.

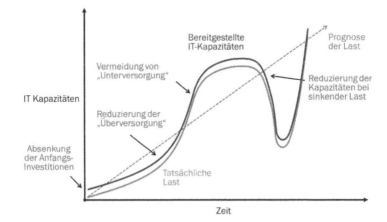

Abbildung 5: Darstellung der Skalierbarkeit in On-Premise-Umgebungen
Quelle: Angelehnt an Syed A. Ahson (2011, o.S)

---

[43]Vgl. o.V., o.S.
[44]Vgl. o.V., o.S.

Die Vorteile dieses Zahlungssystems sind offenkundig. Zum Einen wird am Anfang keine Anfangsinvestition benötigt und zum Anderen wird im laufenden Betrieb kein Kapital gebunden und somit der Cashflow erhöht.

2.3 Datenschutz, Datensicherheit und das Vertrauen in den Anbieter

Nachdem die technischen Details und das Zahlungssystem erarbeitet wurden, soll im Anschluss ein kurzer Überblick über die drei Themen Datenschutz, Datensicherheit und Vertrauen zum Cloud Anbieter folgen. Hierbei wird besonders darauf eingegangen, welche Auswirkungen diese drei Themen aus kaufmännischer Sicht auf die Gesamtkosten eines Cloud-Dienstes haben.

2.3.1 Wer hat Zugriff auf meine Daten - Datenschutz in der Cloud

Erwägt eine Organisation den Umzug auf Cloud Computing, so muss eine Bewertung der rechtlichen Konsequenzen im Rahmen des Datenschutzes erfolgen. Die Ergebnisse der Umfrage der PricewaterhouseCoopers im Oktober 2010 heranziehend, ist zu beobachten, dass dies mehr als 60 Prozent der befragten Anbieter für Cloud Computing Dienste erkannt haben.[45] Diese Betrachtung erfolgt nicht selten durch die Beauftragung von Rechtsanwälten, welche zusätzliche Kosten erzeugen. Dies wird nötig, da nur in den wenigsten Fällen ein Cloud-Anbieter eine rechtskräftige Rechtsberatung leisten kann.

Abbildung 6: Die größten Herausforderungen der Cloud aus Sicht der Anbieter
Quelle: Statistik von PricewaterhouseCoopers (2010, S.13)

---

[45]Vgl. PricewaterhouseCoopers (2010), S. 13.

Neben den Clound Anbietern, die dieses Thema in fast jedem Gespräch mit möglichen Kunden zu diskutieren haben, agieren auch immer mehr IT-Führungskräfte (CIOs) sensibler mit diesem Thema.[46]

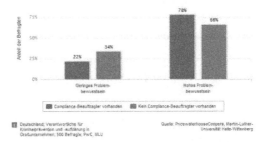

Abbildung 7: Problembewusstsein des Management hinsichtlich des Datenschutzes
Quelle: Statistik von PricewaterhouseCoopers (2010, S.13)

Die Frage, welche Daten überhaupt vom Datenschutz betroffen sind, kann dabei durch die Heranziehung des Bundesdatenschutzgesetzes geklärt werden (BDSG). Sie wird nämlich in Paragraph 3 Abs. 1 erörtert und festgelegt:

„Personenbezogene Daten sind Einzelangaben über persönliche oder sachliche Verhältnisse einer bestimmten oder bestimmbaren natürlichen Person (Betroffener)."[47]

Die Einzelangaben müssen also einer Person zugeordnet werden können, um für den Datenschutz relevant zu sein.[48]

Nach Auslegung der deutschen und europäischen Gesetzgebung ist es möglich, auch personenbezogene Daten durch Cloud-Anbieter im europäischen Ausland verarbeiten zu lassen. Erfolgt die Verarbeitung jedoch im nicht-europäischen Ausland, besteht zunächst keine datenschutzrechtliche Legitimation, daher ist deren Einsatz grundsätzlich im ersten Schritt unzulässig.[49] Ausgenommen davon sind Staaten, die ein angemessenes Datenschutzniveau erreicht haben.[50] Zu diesen Staaten gehören zum Beispiel die Schweiz, Kanada und Argentinien.[51] Darüber hinaus gehören auch die USA dazu, jedoch ist es für die Verarbeitung von personenbezogenen Daten notwendig, dass der Cloud-Anbieter die Safe Harbor-Regeln anerkennt und umsetzt. Dabei verpflichtet sich das US-Unternehmen gegenüber der Federal Trade Commission (FTC), sich an sie-

---

[46]Vgl. PricewaterhouseCoopers (2009), S. 3.
[47]Vgl. Abel (2011), §3 Abs. 1.
[48]Vgl. Weichert (2010), S. 681.
[49]Vgl. Weichert (2010), S. 683.
[50]Vgl. Abel (2011), §4 Abs. 2,3.
[51]Vgl. Weichert (2010), S. 686.

ben datenschutzrechtliche Grundprinzipien zu halten.[52] Diese sind Notice (Benachrichtigung), Choice (Freiwilligkeit), Onward Transfer (Übermittlung), Security (Datensicherheit), Data Integrity (Datenintegrität), Access (Zugang) und Enforcement (Durchsetzung).[53]

Das Thema Datenschutz ist also tatsächlich, wie bereits von den Befragten in Abbildung sechs genannt, die größte Herausforderung bei der Einführung von Public, Hybrid oder Dedicated/Trusted Cloud-Dienstleistungen in einem Unternehmen und muss auch bei der Entwicklung der Kosten betrachtet werden.

2.3.2   Wie sicher sind meine Daten - Datensicherheit in der Cloud

Nachdem die Anforderungen und Gesetzeslage der Verarbeitung von personenbezogenen Daten im vorigen Abschnitt erörtert wurden, werden im Folgenden die allgemeinen Sicherheitsanforderungen von Unternehmen an Cloud-Dienste erörtert. Als Einleitung findet zuvor eine Definition von Daten- bzw. Informationssicherheit statt. Darauf aufbauend werden Richtlinien erörtert, mit denen Unternehmen einen sicheren Einsatz von Cloud-Diensten gewährleisten können. Dazu gehört die Beobachtung von, auf dem Markt bereits vorhandenen, Audit-Anbietern und deren Audits, sowie vorhandene Zertifikate für Rechenzentren und die sich in der Vorbereitung befindlichen speziellen Cloud-Zertifikate. Dabei wird auch darauf eingegangen, welche Unterschiede es zwischen den Sicherheitslösungen vor Ort und denen der Cloud-Anbieter gibt.

In den letzten Monaten gelang den Gruppen LulzSec[54], Anonymous[55] und der No Name Crew[56] immer wieder in vermeintlich gesicherte Systeme einzudringen und damit wiederholt für Aufsehen zu sorgen. Doch zeigt die folgende Abbildung 8, dass nur 15 Prozent der Datendiebstähle auf Hacker aus dem Internet zurückzuführen sind.[57] Hingegen erfolgten 36 Prozent der Datendiebstähle im Jahr 2010 durch den Verlust oder Diebstahl von Datenträgern bzw. Daten an sich.[58]

---

[52]Vgl. Ninja Marnau (2011), S. 312.
[53]Vgl. Ninja Marnau (2011), S. 312.
[54]Vgl. Eikenberg (2011), o.S.
[55]Vgl. o.V. (2011a), o.S.
[56]Vgl. o.V. (2011d), o.S.
[57]Vgl. symantec (2011), S. 4.
[58]Vgl. symantec (2011), S. 4.

Anteil der häufigsten Ursachen von Datenmissbrauch, die zu
Identitätsdiebstahl führen können, im Jahresvergleich 2008 bis
2010

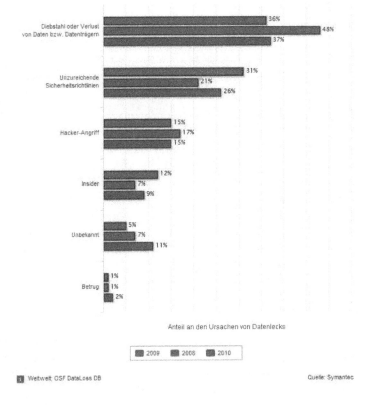

Abbildung 8: Anteil der Ursachen, die zu Datendiebstahl führten
Quelle: Statistik von symantec (2011, S. 4)

Von Bedeutung für Cloud Computing sind also die 15 Prozent der Datendiebstähle durch Hackerangriffe, da durch die Verwendung von Cloud Computing die anderen Angriffspunkte weder verhindert werden können, noch diese Angriffspunkte sich durch den Einsatz vergrößern.

Welche Richtlinien gibt es also für den Einsatz der verschiedenen Cloud-Varianten? Beim Einsatz der Private Cloud ist das einfach zu beantworten, denn die Dienstleistung wird innerhalb des Unternehmens erbracht und daher unterliegt sie den selben Sicherheitsvorkehrungen wie bei anderen IT-Diensten der internen IT-Abteilung bzw. den Experten eines externen Dienstleisters.

Bei dem Einsatz der Public Cloud ist das etwas differenzierter zu betrachten. Es muss geregelt werden, ob bzw. in welchem Maße der Anbieter oder der Kunde des Cloud-Dienstes für die Sicherheit der Daten zuständig ist. Hierbei ist insbesondere zu klären, wie der Zugriff auf die Daten erfolgt und wie sichergestellt wird, dass Dritte keinen Zugang zu diesen bekommen. Hierbei kommen verschiedene Zertifikate und Audits zum Einsatz, die es dem Anbieter ermöglichen, sich von der physischen Sicherheit der Rechenzentren, über die Abschottung der einzelnen Kundenbereiche bis hin zur Übertragung über das Internet überprüfen und zertifizieren zu lassen. Dies beginnt bereits bei der Gebäudeinfrastruktur. Die Baukosten der Rechenzentren von großen Cloud-Anbieter bewegen sich in einem Kostenspektrum von 500 Millionen bis zu einer Milliarde US-Dollar.[59]

Für die Sicherheit dieser Gebäude und speziell auch für die Daten der Cloud-Kunden ist es wichtig, dass keine unbefugten Personen in das Gebäude gelangen können. Daher wird bei speziellen Audits, die zum Beispiel von Datacenter Star Audit ausgeführt werden, besonders auf die Zugangskontrollen geachtet. Diese können je nach Rechenzentrum variieren. In Google Rechenzentren ist die Verifizierung der Zugangsberechtigung an drei voneinander unabhängigen Orten notwendig, um ein Rechenzentrum zu betreten.[60] Die Verifizierungsmethode unterscheidet sich von Rechenzentrum zu Rechenzentrum. Meist ist es eine Kombination aus unterschiedlichen Methoden, wie einer Smartcard und der Abfrage von biometrischen Daten.[61] Die Rechenzentren werden 24 Stunden am Tag von Sicherheitspersonal überwacht. Um die Überwachung der kompletten Areale sicherzustellen, kommen Videokameras, Bewegungssensoren und andere Sicherheitskomponenten zum Einsatz.[62] Im Fall eines unbefugten Zutritts werden automatisch die örtlich zuständigen Ordnungshüter verständigt.[63]

---

[59]Vgl. Melanchthon (2011), Minute 3:30f.
[60]Vgl. o.V. (2011c), Min. 0-3.
[61]Vgl. o.V. (2009b), S. 17.
[62]Vgl. o.V. (2011c), Min. 4:30f.
[63]Vgl. o.V. (2011c), Min. 4:40ff.

18

Die European Network and Information Security Agency (ENISA) hat sich bereits im
Jahr 2009 mit den Risiken des Cloud Computing ausgiebig beschäftigt. Die Autoren
des 125 Seiten umfassenden Berichts kommen zu folgendem Ergebnis:

„The key conclusion of this paper is that the cloud's economies of scale and flexibility
are both a friend and a foe from a security point of view. The massive concentrations
of resources and data present a more attractive target to attackers, but cloud-based
defences can be more robust, scalable and cost-effective."[64]

Das Papier identifiziert insgesamt 35 Risiken, die bei der Verwendung von Cloud Computing für den Kunden entstehen können. Vier der zehn schwerwiegendsten Risiken
betreffen die Daten- und Informationssicherheit:[65]

- Probleme in der Abgrenzung zwischen den Cloud-Umgebungen der Kunden

- Die sichere Verwaltung und Verarbeitung von Daten

- Unsichere oder fehlerhafte Datenlöschung

- Datendiebstahl durch Administratoren des Anbieters oder andere Insider

Diese vier Risiken können teilweise durch die Zertifizierung von Rechenzentren und Pro-
zessen minimiert werden. Derzeit werden besonders Zertifizierungen nach ISO 27001 und
SAS70 von den Cloud-Anbietern für die eigenen Rechenzentren und Prozesse durchgeführt. Weitere Zertifikate nach SOX, FISMA und PCI-DSS finden auch vermehrt
Anwendung.[66] Darüber hinaus lassen Cloud-Anbieter von unabhängigen Unternehmen
oder Instituten Audits anfertigen, in denen die Sicherheit der Rechenzentren getestet
wird.

Der größte Nachteil des Cloud Computing, nämlich die Konzentration von Daten, ist
auch dessen größter Vorteil gegenüber vor Ort betriebener IT-Infrastrukturen. Durch
die Konzentration können bessere Sicherheitsrichtlinien eingeführt und auch kontrolliert
werden, als bei kleineren Umgebungen. Das hat nicht zuletzt etwas mit den entstehenden
Kosten zu tun. Denn nicht nur die Konzentration der Datensätze steigt an, sondern auch
das Know-How für Datensicherheit durch Personal.[67]

Die Sicherheit der Daten und Informationen ist daher nicht bei allen Cloud-Anbietern
gleich. Die richtige Wahl ist deshalb umso wichtiger. Ein guter Anhaltspunkt für die
Sicherheit der Daten in der Cloud sind Zertifikate und die durch unabhängige Unternehmen oder Institute durchgeführten Audits der Infrastruktur und Prozesse des
Cloud-Anbieters. Ein Unternehmen kauft also bei den meisten Cloud-Diensten eine Si-
cherheitsstufe mit ein, welche es sich innerhalb einer On-Premise Infrastruktur aufgrund
von Personal- oder Geldmangels nicht leisten könnte.

[64]Vgl. Daniele Catteddu (2009), S. 4.
[65]Vgl. Daniele Catteddu (2009), S. 9f.
[66]Vgl. o.V. (2009), o.A..
[67]Vgl. Daniele Catteddu (2009), S. 9f.

2.3.3 Vertrauen - Unternehmensdaten in der Cloud

Vertrauen ist für die Wahl des richtigen Cloud-Anbieters von elementarer Bedeutung. Die Organisation, ob jetzt Unternehmen oder auch eine Privatperson, überlässt einem Dritten seine Daten. Hierbei verliert der Kunde im ersten Schritt die Kontrolle über seine Daten oder Computer Ressourcen. Herr Scanzoni schreibt in seiner Veröffentlichung zum Thema Verlust der Kontrolle im Zusammenhang mit Vertrauen:

> „Vertrauen beinhaltet, das eigene Schicksal in die Hände eines anderen zu legen, ohne in der Lage zu sein, sich zu versichern, dass keine unvorteilhaften Konsequenzen resultieren werden. Vertrauen wird dadurch zu einem lebenswichtigen Vorhaben, wenn signifikante Risiken, wie eine Verletzlichkeit, mit dem Vertrauen verbunden sind und wenn eine objektive Ungewissheit über die Folgen des Vertrauens vorliegt."[68]

Diese Aussage kann auf das Verhältnis zwischen einem Cloud-Anbieter und seinem Kunden angewendet werden. Denn auch hier bedeutet die Abgabe von Daten an einen Anbieter einen bestimmte Grad an Verletzlichkeit für das Unternehmen. Zwar werden durch Verträge und Service Level Agreements (SLAs) mögliche Risiken rechtlich ausgeschlossen, doch scheitert ein Cloud-Anbieter in Punkto Sicherheit, so ist in erster Linie der Kunde von einem Datenverlust betroffen. Vertrauen ist darüber hinaus immer in die Zukunft gerichtet und muss daher immer durch den Kunden als Vorschuss gegenüber dem Anbieter gesehen werden. Schlencker definiert dies in seiner Publikation wie folgt:

> „Vertrauen bezieht sich auf zukünftige Handlungen anderer, die der eigenen Kontrolle entzogen sind und daher Ungewissheit und Risiko bergen."[69]

Vertrauen setzt sich also aus folgenden drei Bereichen zusammen:

- Eingehen eines persönlichen/unternehmerischen Risikos

- Verlust und Verzicht auf Kontrolle von Seiten des Kunden

- Ausrichtung auf die Zukunft

Für den Anbieter eines Cloud-Dienstes spielt es eine entscheidende Rolle, ob der Kunde ihn als vertrauenswürdig einstuft. Der Kunde muss sich neben den harten Fakten, wie technische Daten, Datenschutz und Datensicherheit auch mit dem Thema auseinandersetzen, ob der Anbieter sowohl in der Öffentlichkeit als vertrauenswürdig wahrgenommen wird als auch die persönliche Meinung von dem Anbieter einen Vertrauensvorschuss rechtfertigt.

---

[68]Vgl. Scanzoni (1979), S. 34.
[69]Vgl. Ulrich Egle (1973), S. 423.

2.4 Dienste aus der Cloud - Von Amazon über IBM und Microsoft bis hin zu Salesforce

Von Amazon über Fujitsu und Microsoft bis hin zu Salesforce oder Zynga. Die Vielfalt der Cloud-Anbieter wächst beständig. Viele Cloud Anbieter sind dabei selbst auch Cloud Kunden. Auf den folgenden Seiten, sollen kurz die drei größten Cloud Anbieter, nämlich Amazon, Microsoft und Fujitsu beleuchtet werden. Hierbei spielen neben den Themen Datenschutz und Datensicherheit insbesondere die Abrechnungsmodalitäten eine wichtige Rolle. Darüber hinaus findet eine Einordnung der verfügbaren Dienstleistungen in der Abbildung zwei statt. Die Dienstleistungen dieser Anbieter werden im späteren Verlauf dann auch mit On-Premise Lösungen in Kapitel fünf verglichen.

2.4.1 Vom Buchhändler über den Supermarkt des Internets hin zum Cloud-Anbieter - Amazon Web Services

Bereits seit 2002 sammelte Amazon als Dienstanbieter für den Betrieb von Webseiten anderer Unternehmen Erfahrung. Die Bekanntmachung von Amazon S3 im März 2006 gilt in Fachkreisen als Start für die von Amazon betriebenen Cloud-Dienste (und teilweise auch der Cloud überhaupt).[70] Der Erfolg gibt Amazon Recht: Von einem Nettoerlös von rund 10 Mrd. US-Dollar im Jahr 2006 auf einen Nettoerlös von 34 Mrd. US-Dollar im Jahr 2010.[71] Das Wachstum von Amazon Web Services scheint nicht mehr zu stoppen zu sein. In den vergangenen zwei Jahren haben sich auch immer mehr US-Behörden für den Einsatz von Dienstleistungen aus dem Amazon Portfolio entschieden. Das hängt vor allem an den von Amazon erworbenen Zertifikaten und den angebotenen SLAs für die eigenen Rechenzentren zusammen. Der Speicherdienst Simple Storage Service (S3) bietet zum Beispiel zwei Stufen innerhalb des SLAs. Erreicht der Dienst weniger als 99,9 % Verfügbarkeit im Monat so bekommt der Kunde 10 % der monatlichen Gebühr erstattet. Fällt die Verfügbarkeit unter 99 % sind es sogar 25 % der monatlichen Gebühr.[72] Bei dem Dienst Elastic Cloud Computing (EC2), der Rechenleistung zur Verfügung stellt, ist das Modell wesentlich komplizierter. So gilt die Verletzung des SLAs nicht pro Monat, sondern pro Jahr. Fällt hier die Verfügbarkeit des Dienstes unter 99,95 %, das entspricht etwas mehr als 4 Stunden, innerhalb von 365 Tagen, so kann der Kunde eine Rückvergütung von 10 % über die innerhalb von 365 Tagen angefallenen Gebühren beantragen.[73]

Um die Datensicherheit sicherzustellen, arbeitet auch Amazon immer daran, seine Rechenzentren gegen physisches Eindringen und Hackerangriffe abzuschirmen. Hierfür

[70]Vgl. o.V. (o.D.b), S. 2f.
[71]Vgl. o.V. (o.D.a), S.26.
[72]Vgl. o.V. (2007), o.S.
[73]Vgl. o.V.. (2008), o.S.

kommen modernste Techniken zum Einsatz, wie zum Beispiel der Einsatz von biometrischen Zugangskontrollen oder ganztägige Überwachung der Anlage.[74] Neben diesen physischen Abwehrmaßnahmen setzt Amazon, ähnlich wie Microsoft, auf dezentrale Standorte und mehrere Schichten von logischen Sicherheitsmechanismen. Derzeit werden zum Beispiel für den Raum EMEA (Europa, Mittlerer Osten, Afrika) Rechenzentren in Frankfurt, Dublin und Amsterdam von Amazon betrieben.[75] Die Rechenzentren sind ebenfalls nach ISO27001 und SAS70 Type II zertifiziert.[76]

Da der Cloud-Kunde bei jedem Dienst von Amazon auswählen kann, in welchen Regionen der Welt seine Daten gespeichert werden sollen, ist es möglich, die gesetzlichen Vorgaben des BDSG mit den Cloud-Diensten von Amazon einzuhalten. Amazon schreibt zum Thema Datenschutz auf der eigenen Webpräsenz:

„AWS gibt Benutzern die Möglichkeit, ihre persönlichen oder geschäftlichen Daten innerhalb der AWS-Cloud zu verschlüsseln, und veröffentlicht Verfahrensweisen für Sicherheit und Redundanz, mit denen Kunden einen umfassenderen Überblick darüber gewinnen können, wie ihre Daten bei AWS verarbeitet werden."[77]

Amazons Cloud-Dienste sind, wie der Abschnitt zum Datenschutz schon vermuten lässt, aufgrund der IaaS-Ebene also etwas für Unternehmen, deren IT-Abteilung genügend Know-How mitbringt, um einen Service auf Grundlage eines Cloud-Dienstes selbst zur Verfügung stellen zu können.

Amazon verwendet das Zahlungsmodell pay as you go. Doch Pay as you go bedeutet nicht gleich pay as you go. Es gibt wie bereits weiter oben erörtert erhebliche Unterschiede zwischen den unterschiedlichen Anbietern. Bei Amazon beträgt ein Abrechnungszeitraum immer eine Stunde für jeden Service. Die Abrechnung erfolgt also pro Stunde. Es fallen keine weiteren Anmeldegebühren oder ähnliches an. Amazon stellt aufgrund der Komplexität dieses Systems einen eigenen Rechner zur Verfügung um die Kosten pro Monat zu berechnen.[78] Anhand eines kleinen Rechenbeispiel soll aber hier das System erklärt werden. In diesem Szenario verwendet ein Unternehmen in den ersten 15 Tagen des Monats 100 Gigabyte (GB) Speicherplatz des Services S3 und die restlichen 15 Monate nur 50 GB, da ein größeres Projekt abgeschlossen wurde. Die eingehenden Daten sind mit 20 GB und die Ausgehenden mit 75 GB zu beziffern. Ein GB kostet pro Monat 0,14 US-Dollar. Für die eingehenden Daten entstehen keine zusätzlichen Kosten. Pro GB ausgehenden Traffic verlangt Amazon 0,12 US-Dollar. So würden sich dann die Gesamtkosten berechnen lassen:

[74]Vgl. o.V. (2009a), S. 3.
[75]Vgl. Miller (2008), o.S.
[76]Vgl. o.V. (o.D.a), o.S.
[77]Vgl. o.V. (o.D.b), o.S.
[78]Vgl. o.V., o.S.

$$S_M = \frac{100GB * 15Tage * 24Stunden + 50GB * 16Tage * 24Stunden}{744} * 0,14 USDollar$$

(1)

$$+65GB/Traffic * 0,12 USDollar = 18,19 USDollar$$

(2)

Adäquat dazu kann man alle anderen Dienste von Amazon berechnen. Zwar scheint das Preismodell von Amazon auf den ersten Blick etwas kompliziert, jedoch wird dadurch eine sehr hohe Skalierung sowohl auf der technischen, als auch auf der Kostenseite erreicht.

2.4.2 Der Softwarehersteller wird zum Service Dienstleister - Microsoft Online Services

Vom Softwarehersteller zum Cloud-Anbieter. Was bewegt ein Unternehmen mit 44 Mrd. US-Dollar Umsatz und 16,5 Mrd. US-Dollar Betriebsergebnis im Jahr 2006 die bekannten Märkte zu verlassen und in Konkurrenz mit den großen IT-Dienstleistern zu treten?[79] So ungewöhnlich wie die Entwicklung auf den ersten Blick scheint, ist diese aber nicht. Betrachtet man das Wachstum der bisherigen Kerngeschäfte von Microsoft, so ist festzustellen, dass die Umsatzentwicklung der Unternehmenssparte Clientsoftware der Entwicklung der Unternehmenssparte Serversoftware seit Jahren nichts entgegen zu setzen hatte.[80] Durch die Tendenz, Server zu virtualisieren und den Druck der Virtualisierungslösungen von VMWare und Citrix, brachte Microsoft im Juni 2008 seine eigene Virtualisierungslösung mit dem Namen Hyper-V auf den Markt.[81] Ein weiterer entscheidender Punkt war die Erfahrung mit dem Dienst Windows Live Hotmail. Dieser wurde erstmalig als E-Mail-Dienst im Jahre 2005 in den USA eingeführt. Microsoft bezeichnet Hotmail selbst als ersten Cloud-Dienst. Denn schon im Jahr 2007, als Windows Live Hotmail weltweit eingeführt wurde, setzte Microsoft auf ähnliche Cloud-Strukturen, wie sie derzeit noch immer verwendet werden. Microsoft hatte also bereits Erfahrung auf dem Markt der Cloud-Dienste gesammelt, auch wenn Hotmail für Privatpersonen konzipiert wurde, und war Hersteller des Betriebssystems Windows Server. Was lag also näher, als dem Wettbewerber Google, der 2007 eine Enterprise Version von Google Mail und Google Apps herausgebracht hatte, mit einer eigenen Cloud-Lösung entgegen zu treten. Im Oktober 2008 veröffentlichte Microsoft, zunächst nur auf die USA beschränkt, die erste Version des eigenen Cloud-Dienstes für Unternehmen mit dem Namen Business Productivity Online Suite (BPOS). Damit war, neben

---

[79]Vgl. o.V. (2006), S. 6.
[80]Vgl. o.V. (2006), S. 22ff.
[81]Vgl. o.V. (2008), o.S.

den Cloud-Diensten für Privatkunden, der Einstieg in das Cloud-Geschäft für Unternehmenskunden vollzogen.

Microsoft bietet für alle seine Public Cloud-Dienste einen SLA mit 99,9 % Verfügbarkeit an. Sollte dies einmal nicht eingehalten werden, so bekommt der Kunde nach der Staffelung von kleiner 99,9 %, kleiner 99 % und kleiner 95 % anteilig die monatliche Gebühr zurückerstattet.[82] Darüber hinaus werden in dem SLA zu Microsofts SaaS-Diensten noch die Themen Spam- und Virenschutz behandelt. Diese können bei Nichterfüllung durch Microsoft ebenfalls zu Rückerstattungen führen.[83]

Microsoft sieht in Cloud Computing seine Zukunft. Deshalb wird bis 2012 das Unternehmen so umgestaltet sein, dass 90 % aller Microsoft Mitarbeiter mit dem Thema Cloud Computing beschäftigt sind.[84] Dabei wird die Entwicklung von Sicherheitskonzepten und deren Umsetzung eine zentrale Rolle einnehmen, da ein Sicherheitsproblem zu einem Vertrauensverlust unter der Kundschaft führen würde. Die derzeitigen Sicherheitsvorkehrungen betreffen sowohl physische Absicherungen der Datenzentren als auch logische.[85] Bei der physischen Absicherung spielt insbesondere das Thema Eindringen von Dritten in die Rechenzentren und der Aufbau von redundanten Systemen für Stromversorgung, Kühlung und Hardware zum Schutz vor Ausfällen eine Rolle.[86] Die logischen Maßnahmen beziehen sich auf die Sicherung der Daten der Kunden in den Rechenzentren. Hierbei spielt insbesondere die Trennung der Daten unterschiedlicher Kunden eine Rolle und das Verhindern von Angriffen durch Hacker.[87] Alle Microsoft Rechenzentren sind nach heute verfügbaren Normen zertifiziert. Hierzu gehört ISO 27001, SAS70 Type 1, FISMA und andere.[88] Eine Sicherstellung der Datensicherheit erfolgt durch regelmäßige Überprüfung der Standards durch Drittfirmen, die sich auf die Erstellung von Auditberichten spezialisiert haben.[89] In Kapitel 4.1.2 sind alle wichtigen Punkte zum Thema Datensicherheit in der Cloud zusammengetragen.

Auch das Thema Datenschutz spielt bei Microsoft eine wichtige Rolle. In Kapitel 4.1.1 werden die Voraussetzungen für den Einsatz von Cloud Computing für deutsche Unternehmen erörtert. Microsoft ist seit dem Jahr 2001 nach Safe Harbor als Cloud-Dienstleister zertifiziert.[90] Darüber hinaus bietet Microsoft als erster Anbieter für Cloud-Dienste ein Datenverarbeitungsabkommen an.[91] Dieses kann auf Wunsch des Kunden verifiziert werden und dient als zusätzliche, datenschutzrechtliche Absicherung.

---

[82]Vgl. o.V. (2011f), S. 3.
[83]Vgl. o.V. (2011f), S. 6ff.
[84]Vgl. o.V. (2009), o.S.
[85]Vgl. o.V. (2011e), S. 5.
[86]Vgl. o.V. (2011e), S. 5.
[87]Vgl. o.V. (2011e), S. 6ff.
[88]Vgl. o.V. (2011e), S. 20f.
[89]Vgl. o.V. (2011e), S. 21.
[90]Vgl. o.V. (2011e), S. 20f.
[91]Vgl. o.V. (2011a), S. 1.

Im Gegensatz zu Amazon erfolgt die Abrechnung zwar auch im Pay-as-go-Verfahren, aber es werden Lizenzen angemietet. Dies trifft auf alle Dienste aus der Microsoft Cloud zu. Egal ob das Exchange Online, das Office 365 E3-Paket oder CRM Online ist. Der Kunde kauft eine Lizenz, die er einem seiner Mitarbeiter oder einer Ressource zuweist. Microsoft hat ähnlich wie Handy- oder Festnetztarifen eine Mindestvertragslaufzeit in seine Verträge eingebaut. Dies bedeutet, dass ein Unternehmen innerhalb eines Jahres die Lizenzen für einen Service zwar unbegrenzt aufstocken kann, aber frühestens ein Jahr nach Kauf der ersten Lizenz auch wieder Lizenzen abstoßen kann. Im Bezug auf Abbildung 4 wären also die Zeitachse mit Jahren zu beschriften. Dieses Modell ist im Gegensatz zu den Amazon Web Services also nicht so flexibel, dafür ist die Berechnung der Kosten pro Monat simpel. Der Plan E3 für Office 365 kostet pro Benutzer und Monat 22,75 €. Ein Unternehmen mit 50 Mitarbeitern müsste also folgende Berechnung anstellen:

$$S_M = 50 * 22,75 Eur = 1.137,50 Eur \tag{3}$$

Wird eine weitere Lizenz während eines Monats hinzugebucht, so werden die Kosten pro Tag anteilig hinzugerechnet.

Durch die Bindung der Lizenzen für ein Jahr, kann das gesamte Potential des Cloud Computing nicht ausgenutzt werden. Der Vergleich mit einer OnPremise-Lösung zeigt aber, dass die Minderung der Lizenzen nach einem Jahr auf jeden Fall eine Erhöhung der Flexibilität darstellt.

2.4.3 Der Schritt zum Cloud Anbieter war nur klein - IBM Smart Cloud

56 Milliarden US-Dollar Ertrag durch Servicedienstleistungen und 22 Milliarden US-$ durch Software Erträge[92] machen IBM zum größten IT-Dienstleister der Welt, aber auch gleichzeitig zu einem Sonderfall unter den IT-Dienstleistern. Denn kein anderer IT-Dienstleister macht soviel Umsatz mit Software wie IBM. Das hat natürlich Auswirkungen auf die Cloud-Strategie von IBM.

Doch welche Strategie verfolgt ein Unternehmen wie IBM im Marktumfeld des Cloud Computing? Sieht man sich die Entwicklung der Verteilung des Bruttoumsatzes von IBM an, so wird deutlich, dass eine Verlagerung der Verteilung in Richtung Software und Services auf Kosten der Hardwareeinkünfte vorgenommen wurde.[93]

---

[92]Vgl. o.V. (2011b), S.25.
[93]Vgl. o.V. (o.D.c), S. 10.

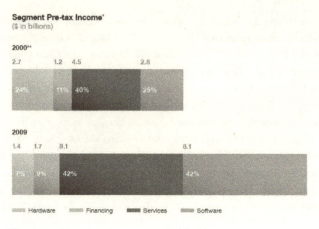

Abbildung 9: Grafische Darstellung der Verlagerung der Einkünfte bei IBM
Quelle: Entnommen aus o.V. (o.D.c, S. 10)

Das Ziel IBMs ist es, Kunden eine weite Bandbreite an Cloud-Diensten anbieten zu können.[94] Es sollen also alle Ebenen und Varianten des Cloud Computing bedient werden.
Das IBM Portfolio umfasst in der Tat viele Services, die eine ganzheitliche Betrachtung des Themas Cloud ermöglichen. Angefangen mit der Bereitstellung entsprechen-
der Hardware für die Private Cloud, über die Verwaltung dieser mit IBM Software,
bis hin zur Komplettlösung aus der Public Cloud durch den Service IBM-SmartCloud
Enterprise.[95] Aber auch die einzelnen Ebenen des Cloud Computing werden vollständig
abgedeckt. So steht mit Lotus Live ein Dienst für die Ebene des SaaS, für die Ebene
PaaS IBM Workload Deployer und für IaaS IBMSmartCloud Enterprise zur Verfügung.
Dies wird in der folgenden Abbildung deutlich.

---

[94]Vgl. o.V. (o.D.c), S. 21.
[95]Vgl. o.V. (2011d), S. 9.

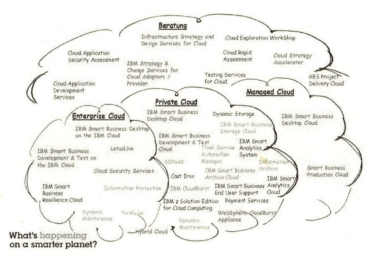

Abbildung 10: Grafische Darstellung der Cloud-Dienste von IBM
Quelle: Entnommen aus Ostler (2011, o.S)

Je nach gewähltem Dienst unterscheidet sich bei IBM das Service Level Agreement. So entscheidet man bei dem Dienst IBM SmartCloud Enterprise selbst während der Bestellung, welches SLA mit welchen Bedingungen man haben möchte. Dadurch variieren dann die Kosten und die Bedingungen des SLAs. Beim Dienst Lotus Live kann zwischen zwei SLAs gewählt werden. Der eine greift bereits bei Ausfallzeiten größer 0,1 % und der andere erst bei 0,5 %. Bei beiden wird bei höheren Ausfallzeiten die monatliche Gebühr zurückerstattet.[96]

Durch die langjährige Erfahrung im Betrieb von Rechenzentren, ist IBM auf dem Gebiet Datensicherheit zu einem Spezialisten herangereift. So sind die Rechenzentren von IBM gegen physikalische Angriffe von Dritten sehr gut abgesichert. Alle Rechenzentren werden rund um die Uhr durch Sicherheitspersonal überwacht und der Zutritt ist durch die Abfrage von biometrischen Daten gesichert.[97] Aber auch die Prozesse und die logische Datensicherheit entsprechen in den Rechenzentren von IBM den gesetzlichen Vorgaben. So sind alle Rechenzentren von IBM nach ISO27001 und SAS70 zertifiziert und werden durch unabhängige Gutachter in regelmäßigen Abständen überprüft.[98]

Da der Cloud-Kunde bestimmen kann, in welchen Rechenzentren seine Daten gespeichert werden, kann das Thema Datenschutz von IBM vollständig erfüllt werden, da deutsche Kunden die Daten in den Rechenzentren in Ehingen verarbeiten lassen kön-

---

[96]Vgl. Laufer (2009), S. 11.
[97]Vgl. o.V. (2010), S. 4.
[98]Vgl. o.V. (2010), S. 4f.

27

nen. Dies stellt einen großen Vorteil gegenüber den Wettbewerbern dar.[99] Aber auch die Kostenstruktur und die Möglichkeit hochverfügbare Lotus Umgebungen zu einem vergleichsweise niedrigen Preis zu bekommen, machen die Cloud-Dienste von IBM interessant. Zu erwähnen ist noch, dass auch IBM auf das System Pay as you go setzt und damit den Kunden eine weitreichende Flexibilität nicht nur auf der technischen sondern auch auf der kaufmännischen Seite zur Verfügung stellt.

2.5 Zusammenfassung

Das Thema Cloud Computing ist sehr komplex. Durch die Unterteilung in verschiedene Ebenen und Varianten ermöglicht es aber den IT-Mitarbeitern eines Unternehmens einen schnellen Einstieg in das Thema. Auf der technischen Seite sind die Cloud-Anbieter wie Amazon, Microsoft und IBM besonders beim Thema Datensicherheit gefragt. Sie müssen in den nächsten Jahren zeigen, dass sich ihre Investitionen in sichere Rechenzentren und die Erstellung interner und standardisierter Arbeitsabläufe gelohnt hat.

Die Kundenseite ist besonders beim Thema Datenschutz und der Bewertung der gesetzlichen Vorgaben gefragt. Vielleicht muss der Gesetzgeber in Zukunft auch auf das Thema Cloud eingehen und hier neue Beschlüsse fassen. Daneben müssen die Unternehmen sich mit den technischen Möglichkeiten auseinandersetzen und durch Erstellung von Konzepten mögliche Umsetzungsszenarien evaluieren.

---

[99]Vgl. o.V. (2010), S. 4.

3   Grundlagen des IT-Controlling

Informationssysteme spielen in den meisten Unternehmen eine immer wichtiger wer-
dende Rolle. So ergab eine Umfrage unter 470 IT-Entscheidern und -Spezialisten im
Jahr 2010, dass rund ein Drittel der befragten Unternehmen sich nur durch eine gut
organisierte IT im Markt halten können.[100] Die nachfolgende Abbildung zeigt, dass die
IT im zunehmenden Maße an Bedeutung gewinnt.

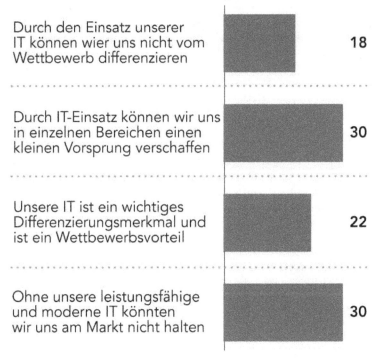

Abbildung 11: Bedeutung der IT im Unternehmen
Quelle: Entnommen aus Herrmann (2010a, o.S)

---

[100]Vgl. Herrmann (2010a), o.S.

Innerhalb der Studie wurde auch nach der Budgetentwicklung für die IT innerhalb der Unternehmen gefragt. Hierbei gaben mehr als 50 Prozent der Befragten an, dass die Budgets für das Jahr 2010 gleich bleiben werden.[101]

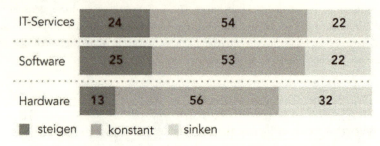

Abbildung 12: Entwicklung des IT-Budgets in Unternehmen in Prozent
Quelle: Entnommen aus Herrmann (2010b, o.S)

Mehr als 80 Prozent der Befragten gaben weiterhin an, dass es innerhalb ihrer IT-Organisation noch Entwicklungspotenziale gäbe.[102] Wollen diese Entwicklungspotenziale innerhalb der IT erreicht werden, müssen Kosten für IT-Projekte im voraus geplant werden. Dies ist ein elementarer Bestandteil für einen erfolgreichen Abschluss von Projekten und den Betrieb von bestehenden Strukturen.[103] Die folgende Grafik gibt wieder, wie IT-Entscheider im Jahr 2010 das Entwicklungspotenzial der IT-Strukturen in ihrem Unternehmen bewerteten.

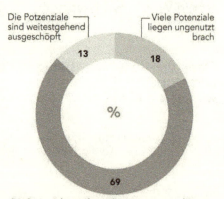

Abbildung 13: Potenziale des IT-Einsatzes im Unternehmen in Prozent
Quelle: Entnommen aus Herrmann (2010a, o.S)

[101]Vgl. Herrmann (2010b), o.S.
[102]Vgl. Herrmann (2010a), o.S.
[103]Vgl. Brugger (2009), S.1.

30

3.1 Begriffe aus der Wirtschaftlichkeitsanalyse

Möchte ein Unternehmen Entwicklungspotenziale nutzen, steht zu Beginn meist ein IT-Projekt. Dieses Projekt muss durch einen finanziellen Aufwand zu Beginn unterstützt werden, bevor es zu einem späteren Zeitpunkt diese Anfangsinvestition durch einen Nutzen ausgleichen und im besten Fall einen Gewinn für das Unternehmen generieren kann. Dieser Nutzen kann vielseitig sein. Zum Einen kann das Projekt zu Einsparungen oder Produktivitätssteigerung führen. Zum Anderen ist es ebenfalls möglich, dass ein IT-Projekt direkte Auswirkungen auf den Umsatz eines Unternehmen hat. IT-Projekte und Projekte im Allgemeinen gelten als erfolgreich, wenn das Leistungssaldo positiv ist, also der Nutzen den Aufwand übersteigt.[104] Die folgende Abbildung zeigt grafisch auf, wie die Entwicklung eines IT-Projekts aus kaufmännischer Sicht eingeteilt ist. Ist der Bereich des Nutzens größer als der Gesamtbereich des Aufwandes, so ist das Projekt als erfolgreich anzusehen.

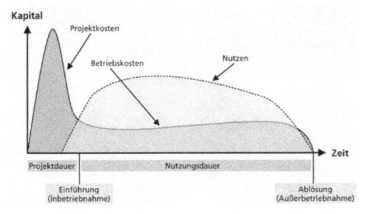

Abbildung 14: Kosten- und Nutzenverlauf eines IT-Projekts
Quelle: Entnommen aus Brugger (2009, S. 11)

---
[104]Vgl. Brugger (2009), S.139.

Um den Erfolg eines Projektes schon vor Beginn abschätzen zu können, gibt es verschiedene Methoden ein Projekt nach seiner Wirtschaftlichkeit zu bewerten. Diese Methoden werden in drei Gruppen unterteilt. Zu nennen sind hier die statischen, die dynamischen und die „value'orientierten Verfahren. Eignen sich die statischen Verfahren eher, um schnelle Aussagen mit der Einschränkung einer gewissen Ungenauigkeit zu treffen, so sind die dynamischen Verfahren dazu geeignet, komplexe Systeme nachzubilden und somit eine genauere Aussage über ein Projekt zu treffen.[105] Die nachfolgende Abbildung ordnet die wichtigsten Methoden den drei Verfahren zu.

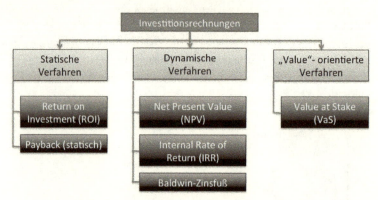

Abbildung 15: Investitionsrechenverfahren in der IT
Quelle: Angelehnt an Brugger (2009, S. 141)

Auf den folgenden Seiten wird auf die, in der Wirtschaft am häufigsten verwendeten Methoden eingegangen. Diese sind die Return on Investment (ROI), die Net Present Value (NPV) und die Value at Stake (VaS) Berechnung.

3.1.1 Die statischen Verfahren - Return on Investment

Das in den Unternehmen am häufigsten angewendete Werkzeug zur Investitionsrechnung ist die Return on Investment Berechnung. Dabei ist zu unterscheiden zwischen der von Donaldson Brown im Jahre 1913 erstmaligen verwendeten ROI-Berechnung, welche sich auf die Wirtschaftlichkeitsbewertung von unternehmerischen Investitionen bezieht, und der Bewertung von Einzelinvestitionen.

Brown stellte im Jahr 1913 folgende These auf:

$$ROI = Umsatzrendite * Kapitalumschlag \tag{4}$$

---

[105]Vgl. Brugger (2009), S.140.

Die beiden Größen Umsatzrendite und Kapitalumschlag sind wie folgt definiert:

$$Umsatzrendite = \frac{Gewinn}{Nettoumsatz} \qquad (5)$$

$$Kapitalumschlag = \frac{Nettoumsatz}{Gesamtkapital} \qquad (6)$$

Fügt man die beiden Formeln für Umsatzrendite und Kapitalumschlag in die Formel des ROI ein, so ergibt sich folgende einfache Formel:

$$ROI = \frac{Gewinn}{Nettoumsatz} * \frac{Nettoumsatz}{Gesamtkapital} = \frac{Gewinn}{Gesamtkapital} \qquad (7)$$

Der ROI gibt also das Verhältnis zwischen dem Gewinn und dem getätigten Kapitaleinsatz an. Er kann sowohl auf ein Unternehmen ganzheitlich angewendet werden, als auch zur Bewertung von Perioden, wie zum Beispiel Monaten oder Jahren, herangezogen werden.[106]

Die ROI Berechnung lässt sich aber, wie bereits oben erwähnt, ebenfalls auf Einzelprojekte anwenden.[107] Für Einzelprojekte in der IT hat sich die Berechnung des ROIs durch das in Verhältnis setzen von Nutzen und Kosten bewährt.[108] Der übergeordnete Begriff Nutzen besteht hierbei zumeist aus Kosteneinsparungen, Erträgen oder einer Kombination aus beiden. Kosten setzen sich aus Investitionskosten und dem Betrieb des Systems, der Software oder der Infrastruktur zusammen. Daraus ergibt sich folgende Formel:

$$ROI_p = \frac{Kosteneinsparungen + Ertrag}{Investitionskosten + Betriebskosten} = \frac{Nutzen}{Kosten} \qquad (8)$$

3.1.2 Ein dynamisches Verfahren - Net Present Value

Nach der Betrachtung des ROI als Methode des statischen Verfahrens, folgt nun die Betrachtung des Net Present Value, welches auch Kapitalwertmethode genannt wird. Diese Methode ist eines der vier dynamischen Verfahren und die mit Abstand am häufigsten in der Wirtschaft genutzte Methode um eine Investition zu bewerten. Hierbei

---

[106]Vgl. Fox (2011), S.53.
[107]Vgl. Fox (2011), S.53.
[108]Vgl. Brugger (2009), S.141.

werden alle Zahlungen einer Investition betreffend betrachtet und bewertet. Der Kapitalwert berechnet sich hierbei aus allen Ein- und Auszahlungen. Diese werden dabei abgezinst, um ein möglichst realistisches Bild zu erhalten. Darüber hinaus fließt die Investitionssumme an sich und ein möglicher Kapitalerlös am Ende der Projektlaufzeit mit ein.[109]

Bei unterschiedlich hohen, jährlichen Rückflüssen, welche wiederum aus Kosteneinsparungen, Erträgen oder einer Kombination aus beiden bestehen können, ergibt sich folgende Formel:[110]

$$C = -I_0 + \sum_{t=1}^{n}(R_t) * (1+i)^{-t} + L * (1+i)^{-T} \qquad (9)$$

Bleiben die jährlichen Rückflüsse konstant bei einem Wert, so verändert sich die Formel zur Berechnung des Net Present Value wie folgt:[111]

$$C = -I_0 + R_T * \frac{(1+i)^T - 1}{(1+i)^T * i} + L * (1+i)^{-T} \qquad (10)$$

Hierbei gilt folgende Symbolik:

- C: Kapitalwert

- I: Investition

- T: Betrachtungsdauer (in Perioden)

- R_t: Rückfluss in Periode t

- L: Liquidationserlös/-auszahlung

- i: Kalkulationszinssatz

Anhand eines Beispiels soll die Berechnung des Kapitalwerts nun erörtert werden. Das Unternehme XY AG investiert in eine neue E-Maillösung auf Basis des Microsoft Produkts Exchange 75.000 €. Das Produkt soll in den nächsten 3 Jahren im Betrieb bleiben. Durch Produktivitätssteigerung bei den Mitarbeitern erwartet die Unternehmens-IT Einsparungen von 25.000 € im ersten Jahr, von 32.000 € im Zweiten und von 41.000 € im Dritten. Die Server können am Ende der Laufzeit für 8.000 € verkauft werden. Als Kalkulationszinssatz werden 10 Prozent angenommen.

---

[109]Vgl. Ralf Dillerup (2005), S.2.
[110]Vgl. Ralf Dillerup (2005), S.3.
[111]Vgl. Ralf Dillerup (2005), S.3.

34

$$C_0 = -75000Eur + 25000Eur * 1,1^{-1} + 32000Eur * 1,1^{-2} + 41000Eur * 1,1^{-3} \quad (11)$$
$$+8000Eur * 1,1^{-3} = 10987,98Eur \quad (12)$$

Der Kapitalwert der Investition in eine neue E-Maillösung beträgt also 10.987,98 €. Das bedeutet, dass der Kapitaleinsatz gedeckt, die geforderte Mindestverzinsung erfüllt und ein Gewinn von 10.987,98 € erwirtschaftet wird.

3.1.3 Das wertorientierte Verfahren - Value at Stake

Als letzte Methode wird auf die Berechnung des Value at Stake hingewiesen. Diese zeichnet sich durch die Möglichkeit Projekte übergreifend vergleichen zu können und die vielfältigen Metriken, welche innerhalb der Methode zum Einsatz kommen, aus. Um den Value at Stake berechnen zu können, muss zu Beginn eine projektspezifische Berechnung von Gewinn oder Verlust nach folgendem Schema ermittelt werden:[112]

Projektspezifische Gewinn- und Verlustrechnung

+ Erlös (quantifizierter Nutzen)
- Aufwendungen (Projektkosten / Betriebskosten)
= **EBITDA**

- Abschreibungen
= **EBIT**

- Fremdkapitalzinsen
- Ertragssteuern
= **Gewinn / Verlust**

Abbildung 16: Projektspezifische Gewinn- und Verlustrechnung
Quelle: Entnommen aus Brunner (2010, o.S)

---

[112]Vgl. Brugger (2009), S.216.

Nachdem der Gewinn respektive der Verlust eines Projekts ermittelt wurde, können im Anschluss die Kapitalkosten für Anlageobjekte und Kapitalkosten für zusätzliches Kapital abgezogen werden. Das Ergebnis davon ist der Economic Profit des Projekts für eine Periode. Summiert man die einzelnen Economic Profits erhält man den Value at Stake.[113]

Projektspezifischer Economic Profit / Value at Stake
Gewinn / Verlust - Kapitalkosten für Anlageobjekte (Buchwert) + / - Kapitalkosten für Nettoumlaufvermögen (basierend auf der inkrementellen Veränderung) **= Economic Profit / Loss**
Abschliessend: 1.) Diskontierung des Economic Profit 2.) Summierung aller diskontierter Economic-Profit-Werte zum VaS

Abbildung 17: Projektspezifische Gewinn- und Verlustrechnung
Quelle: Entnommen aus Brunner (2010, o.S)

Nachdem nun einige Begriffe aus der Wirtschaftlichkeitsanalyse für IT-Systeme geklärt wurden, behandelt der nächste Abschnitt das Thema Kostenermittlung in der IT.

3.2 Ermittlung der Kosten in der IT - Das Total Costs of Ownership Modell

Die Erstellung einer Wirtschaftlichkeitsanalyse für IT-Projekte in Unternehmen, ist mittlerweile ein wichtiges Mittel zur Entscheidungsfindung für der IT-Leitung. Denn wie bereits in Abbildung 12 gezeigt, erwarten IT Verantwortliche in der Zukunft keine signifikante Erhöhung des IT-Budgets. Neben des Budgets sind aber auch die Mitarbeiterressourcen ein begrenztes Gut. Aus diesem Grund müssen alle Kosten erfasst werden, die dieses Budget belasten. Dies betrifft zum Einen die Gesamtkosten der IT, zum Anderen die Kosten für einzelne Projekte, Produkte oder Servicedienstleistungen.

Um die Gesamtkosten zu ermitteln, entwickelte die GartnerGroup Mitte der 80er Jahre des letzten Jahrhunderts das sogenannte Modell der Total Costs of Ownership. Ausgangspunkt der Überlegung zur Erstellung des neuen Modells, war die Tatsache, dass in der Unternehmenspraxis der 80er Jahre meist nur die Anschaffungskosten der IT-Komponenten berücksichtigt und die laufenden Kosten für den Betrieb der Struktur vernachlässigt wurden. Wandte Gartner die Berechnung der TCO zu Beginn nur auf

[113]Vgl. Brugger (2009), S.218.

Arbeitsplatzrechner an, so werden heute alle Bereiche der IT nach ihren TCOs bewertet. Dies umfasst zum Beispiel die Themen Netzwerkinfrastruktur, Server, Applikations, Dienstleister und eben auch das Cloud Computing. Durch die Anwendung des Modells, soll eine Erfassung aller Kosten während der Lebenszeit einer IT-Investition erfasst werden. Ziel ist es, eine Bewertung dieser Investition treffen zu können. Hierzu werden alle anfallende Kosten, eine Investition betreffend, zusammengeführt und im Anschluss bewertet. Kosten, die in einem IT-Projekt anfallen können, sind natürlich die Beschaffungskosten von Hard- und Software, aber auch solche wie Wartung und Support der IT-Lösung und Schulung für Mitarbeiter. In der folgenden Abbildung werden die Kostenbereiche zusammenfassend dargestellt.[114]

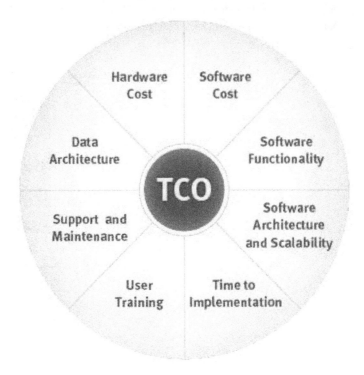

Abbildung 18: Total Cost of Ownership - Die Komponenten
Quelle: Entnommen aus o.V., o.S)

---

[114]Vgl. Martin Wild (2000), S. 3.

Eine andere Sichtweise zur Bestimmung der Total Cost of Ownership ist die Betrachtung der Kosten, welche die verschiedenen Phasen einer Beschaffungs- und Betriebskette betreffen. Hierbei wird zwischen der Pre-Transaction, der Transaction und der Post-Transaction-Phase unterschieden. In der Pre-Transaction-Phase befinden sich Kosten, die bereits vor der eigentlichen Projektausführung anfallen. Hierzu gehören zum Beispiel die Bedarfsanalyse oder der Vergleich verschiedener Lieferanten. Der Transaction-Phase sind Kosten, wie zum Beispiel die Lieferung oder die Installation eines Servers, zuzuordnen. In der Post-Transaction-Phase werden Kosten zusammengefasst, die nach erfolgreichem Start eines Projekts anfallen. Dazu gehören die Wartung oder auch die Kosten bei Ausfall des Systems. In der nachfolgenden Abbildung sind Kosten aus der Industrie in den jeweiligen Phasen zusammengefasst. Diese können auf die Kosten in IT-Projekten oder auf die gesamte IT eines Unternehmens übertragen werden.[115]

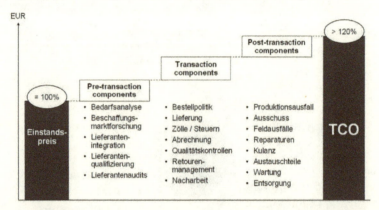

Abbildung 19: Bestandteile der Total Cost of Ownership - Unterteilung in Phasen
Quelle: Entnommen aus h. c. mult. Horst Wildemann, o.S)

[115]Vgl. h. c. mult. Horst Wildemann, o.S.

38

Das TCO-Konzept stellt derzeit kein standardisiertes Verfahren dar. Vielmehr wird die Methode von verschiedenen Unternehmen und Forschungsgruppen als Grundlage verwendet, um eigene Modelle zu entwickeln. Hierzu gehören Unternehmen wie Microsoft und Forrester Research, aber auch Forschungseinrichtungen wie Frauenhofer-IAO.[116] Die unterschiedlichen Konzepte beinhalten jedoch alle das gleiche Grundprinzip. Dieses sagt aus, dass alle Kosten eines Investitionsgutes von der Planung über die Inbetriebnahme bis hin zur Ablösung zu betrachten sind. Durch eine ganzheitliche Betrachtung der Kosten, die zum Betrieb der IT-Infrastruktur benötigt werden, kann darüber hinaus ein Vergleich mit dem Wettbewerber gezogen werden.[117]

In den nächsten Abschnitten werden drei Modelle näher beleuchtet und die Unterschiede zwischen den einzelnen Modellen herausgearbeitet. Für ein Unternehmen ist es wichtig, sich auf ein Modell festzulegen, um eine Vergleichbarkeit der verschiedenen TCO-Betrachtungen zu gewährleisten.

3.2.1 Das ursprüngliche TCO-Modell - GartnerGroup TCO

Wie auch schon das erste Modell zur Berechnung der Total Costs of Ownership für Arbeitsplatzrechner, verfolgt die GartnerGroup mit ihrem Modell das Ziel, Unternehmen in drei wichtigen Punkten zu unterstützen. Zum Einen soll durch die Berechnung des TCOs eine Aufstellung der tatsächlichen Kosten erstellt werden, zum Anderen können diese Kosten im Anschluss einem Benchmark unterzogen werden. Als wichtigsten Punkt sieht jedoch die GartnerGroup die Möglichkeit, aus der Zusammensetzung der Kosten einen Plan zu entwickeln, um eine Verbesserung der Kostenstruktur der IT-Infrastruktur zu erreichen.[118]

Innerhalb des GartnerGroup-TCO-Modells wird zwischen direkten, auch monetary-based approach[119] genannt, und indirekten, value-based approach[120], Kosten unterschieden. Direkte Kosten sind dabei Kosten, die einem Projekt oder der IT im Allgemeinen zugeordnet werden können. Innerhalb der direkten Kosten sieht Gartner drei Kostenkategorien. Als indirekte Kosten werden Ausgaben bezeichnet, die nicht der IT-Abteilung anrechenbar sind.[121]

Direkte Kosten

Die Kostenkategorie Hard- und Software setzt sich aus Kosten zusammen, die einer bestimmten Hard- oder Software zugeordnet werden. Dies können Abschreibungen auf Hardware oder auch Leasing- bzw. Mietgebühren für Software sein. Darüber hinaus

---

[116]Vgl. Martin Wild (2000), S. 5.
[117]Vgl. Martin Wild (2000), S. 6.
[118]Vgl. Martin Wild (2000), S. 10.
[119]Vgl. Thomas Weber (2008), S. 253.
[120]Vgl. Thomas Weber (2008), S. 253.
[121]Vgl. Martin Wild (2000), S. 10.

werden alle Kosten, die für Wartung und Ausbau und damit direkt einer Hard- oder Software zuzuordnen sind, angerechnet. Nicht angerechnet werden in dieser Kostenkategorie die Personalkosten.[122]

Diese werden teilweise in der Kostenkategorie Operations behandelt. In dieser werden nämlich alle Kosten erfasst, welche durch Vergütung von Mitarbeitern für den Betrieb der IT-Infrastruktur oder bei Projekten für die Gehälter der Projektmitarbeiter aufgewendet werden müssen. Um IT-Kosten in diesem Bereich besser unterscheiden zu können, hat Gartner vier Unterkategorien gebildet. Diese umfassen den technischen Service, die IT-Planung und das Prozessmanagement, das Datenbankmanagement und die Help Desk-Services.[123]

Als letzte Kostenkategorie der direkten Kosten sieht Gartner die Verwaltung der IT-Abteilung. In ihr fließen alle Löhne und Gehälter der Mitarbeiter zusammen, die nicht unmittelbar für die Aufrechterhaltung der IT-Infrastruktur verantwortlich sind, sondern die Organisation und Verwaltung der IT-Abteilung, respektive des Projektteams betreffen. Auch die Kostengruppe der Verwaltung wird zur bessern Übersicht in drei Kategorien unterteilt. Zum Einen werden die Kosten für finanzielle und verwaltungstechnische Aufgaben zusammengefasst, zum Anderen die Kosten, welche bei der Durchführung von Schulungen des IT-Personals anfallen. Als letzter Punkt der direkten Kosten gelten die Aufwendungen, welche durch IT-Schulungen für den Endanwender entstehen. Dabei werden aber nicht die Kosten für die Ausfallzeiten des Endanwenders betrachtet, sondern ausschließlich die Kosten für das Schulungspersonal oder die Räumlichkeiten.[124]

Indirekte Kosten

Die Kosten, welche durch die Ausfallzeiten der Endanwender entstehen, sind viel mehr den indirekten Kosten zuzuordnen. Indirekte Kosten sind also Kosten, die nicht innerhalb der IT-Abteilung, sondern durch Einschränkung der Arbeitsfähigkeit des Endanwenders, entstehen, definiert. Hierbei wird zwischen den Kostenklassen End-User-Operations und Downtime unterschieden.[125]

Neben der Einschränkung des Endanwenders durch eine Bereitstellung von Hard- oder Software, die nicht den Anforderungen des Benutzers entsprechen, werden in der Kostenkategorie End-User-Operations auch Ausfallzeiten durch IT-Schulungen gesammelt. Darüber hinaus gehören zu diesen Kosten auch die Datenverwaltung durch den Benutzer, wie zum Bespiel die Erstellung einer Backupdatei aus dem Outlook (PST), die Verwendung der IT-Infrastruktur für private Zwecke, zum Beispiel das private Surfen im Internet oder die Entwicklung bzw. Anpassung der vorhandenen Software auf die

---

[122]Vgl. Martin Wild (2000), S. 12.
[123]Vgl. Martin Wild (2000), S. 12.
[124]Vgl. Martin Wild (2000), S. 13.
[125]Vgl. Martin Wild (2000), S. 13.

Bedürfnisse des einzelnen Nutzers. Diese Kosten zu erfassen, stellt eine Herausforderung dar, da diese meist durch unkontrollierte Handlungen des Endanwender entstehen.[126]

Die letzte, aber deshalb nicht weniger bedeutsame, Kostenkategorie umfasst alle Kosten, die durch einen Stillstand von Teilen oder der kompletten IT-Infrastruktur auf Seiten des Endanwenders entstehen. Um diese Kosten zu berechnen gibt es zwei durch Gartner entwickelte Methoden. Einerseits kann Zeit, in der die IT-Infrastruktur nicht verfügbar war, mit zum Beispiel dem Stundenverdienst der Endanwender multipliziert werden, die von dem Ausfall betroffen waren. Andererseits gibt es die Möglichkeit, den durch den Ausfall verursachten Umsatzverlust zu schätzen.[127]

Die nachfolgende Abbildung fasst die Kosten des TCO-Modells von Gartner zusammen und ergänzt die vorangegangenen Beispiele um weitere Punkte.

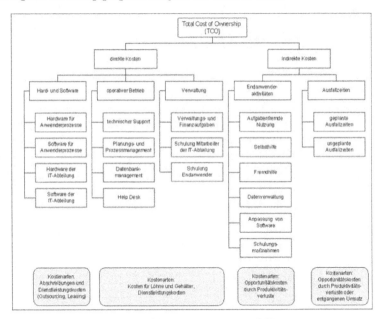

Abbildung 20: TCO-Kostenkategorien und Kostenarten
Quelle: Entnommen aus Frank Bensberg, o.S)

Als letzter wichtiger Punkt, ist über das Modell von Gartner zu sagen, dass es dem Anwender die Möglichkeit gewährt, mögliche zukünftige Entwicklungen, die IT-Infrastruktur betreffend, einzubeziehen. Dies können zum Beispiel mögliche Risiken beim Betrieb eines Exchange 2003 mit einer, durch einen Workaround vergrößerten Datenbank sein.

---

[126]Vgl. Martin Wild (2000), S. 13.
[127]Vgl. Martin Wild (2000), S. 14.

3.2.2 Der Klassiker - Forrester Research TCO

Das TCO-Modell unterscheidet sich nicht grundlegend von dem, von Gartner entwickelten Modell. Zwar benennt Forrester Research die einzelnen Kostenkategorien anders, jedoch sind in vielen Teilbereichen Ähnlichkeiten zum Gartner-Modell zu finden. Forrester Research unterteilt die Kosten innerhalb der Berechnung des TCO in sieben Kategorien:[128]

- Kosten für Hard- und Software

- Wartungsverträge für die IT-Infrastruktur

- Management der IT-Komponenten

- Support-Dienstleistung die IT-Infrastruktur betreffend (z.B. Help Desk)

- mittelbar Aktivitäten der IT-Infrastruktur betreffend (z.B. Schulungen, Zertifikate, usw.)

- Kosten durch Ausfallzeiten der IT anhand des Umsatzverlusts

- Vorbereitung auf einen möglichen Ausfall von Teilen der IT (Recoveryplan)

Nicht oder nur teilweise berücksichtigt werden Wertverluste, die auf Minderung der Arbeitskraft des Benutzers aufgrund der reduzierten Effektivität der IT-Infrastruktur zurückzuführen sind. Beispiele hierfür können die private Nutzung des Internets oder die Entwicklung von Makros sein. In Abbildung 19 werden die Kostenfaktoren von Forrester Research den Kostenkategorien von GartnerGroup gegenübergestellt. Darin sind die Gemeinsamkeiten der beiden Modelle gut zu sehen.[129]

---

[128]Vgl. Martin Wild (2000), S. 16.
[129]Vgl. Martin Wild (2000), S. 17.

Forrester Research (Kostenfaktoren)	Gartner Group (Kostenkategorien als Kostenfaktoren interpretiert)
IT-Infrastruktur konstituierende Hard- und Software	Kostenkategorie *Hard- und Software*
Wartungsverträge	Kostenkategorien *Operations und Verwaltung*
Management einer IT-Infrastruktur	Kostenkategorien *Operations und Verwaltung*
Support-Dienste	Kostenkategorie *Operations*
Mittelbar aus Nutzung einer IT-Infrastruktur hervorgehende Aktivitäten	Kostenkategorien *Verwaltung und End-User-Operations*
Zeiten, in denen Teile einer IT-Infrastruktur von ihren Anwendern nicht nutzbar sind	Kostenkategorie *Downtime*
Die eine *Disaster-Vorsorge* und ein *Disaster*-bedingtes *Recovery* umfassenden *Aktivitäten*	Kostenkategorien *Operations und End-User-Operations*

Abbildung 21: Gegenüberstellung der Kostenfaktoren der Modelle von Forrester Research und GartnerGroup
Quelle: Entnommen aus Martin Wild (2000, S.17)

3.2.3 Das unbekannte TCO-Modell - Real Cost of Ownership von der Meta Group

Das Real Cost of Ownership Modell ist sozusagen der Gegenentwurf zu den zwei bereits erörterten Konzepten von Gartner und Forrester. Denn im Gegensatz zu Gartner und Forrester sieht die Meta Group nicht die Notwendigkeit, indirekte Kosten, wie die Ausfallzeiten oder den Zeitverlust durch privates Surfen im Internet durch den Endanwender, in ihr Modell mit aufzunehmen.[130]

Auch die Kostenkategorien ordnet Meta anders an. So werden alle direkten Kosten, die von Gartner definiert wurden, zusammengefasst und als allgemeine Anwenderkosten beschrieben. Die folgende Liste enthält die fünf von der Meta Group definierten Kostenfaktoren:[131]

- allgemeine Anwenderkosten (Gehälter, Abschreibungen, Schulungsgebühren, Wartung, Support, usw.)
- Kosten für den Betrieb eines ERP-Systems (SAP, Navision, usw.)
- Kosten für den Betrieb von Netzwerkinfrastrukturen (Switche, Router, WAN-Strukturen, usw.)
- Kosten die bei der Migration von Systemen oder Software entstehen
- Kosten die zur Aufrechterhaltung von Legacy-System entstehen (Interessant für Banken und Versicherungen)

---

[130]Vgl. Martin Wild (2000), S. 19.
[131]Vgl. Martin Wild (2000), S. 20.

43

Für die Visualisierung bedeutet dies, dass es einen großen Kostenblock für den Betrieb der IT-Infrastruktur im Allgemeinen gibt und vier weitere Kostenkategorien außerhalb dieser Kosten betrachtet werden müssen. Die folgende Abbildung verdeutlicht dies.

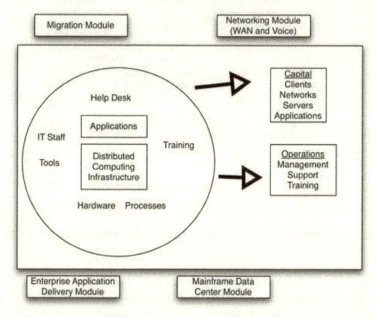

Abbildung 22: Das Meta RCO-Konzept
Quelle: Angelehnt an Martin Wild (2000, S.20)

Auf den folgenden Seiten findet sich aufgrund seiner Verbreitung in den Unternehmen insbesondere das Modell von Gartner wider. Jedoch werden Aspekte der anderen Modelle mit integriert und damit eine neue Betrachtungsweise der Kosten geschaffen. Dies betrifft insbesondere die Kapitel vier und fünf.

3.2.4   Vor- und Nachteile des TCO-Modells

Die Berechnung der TCOs stellt dem Unternehmen die Möglichkeit zur Seite, nach der erfolgreicher Identifikation alles Kosten innerhalb der IT, diese zu optimieren und anzupassen. Damit stellt das Modell eine grundlegende Funktion zur Verfügung, um betriebswirtschaftliche Ziele wie die Kostensenkung und die Gewinnmaximierung zu erreichen.[132] Daneben gibt es noch weitere Vorteile des TCO-Konzepts, aber natürlich auch Nachteile. Diese werden folgend erörtert.

---

[132]Vgl. Martin Wild (2000), S. 25.

Vorteile des TCO-Modells

Durch die Einbeziehung aller Kosten der IT in das Modell des TCO wird eine Transparenz geschaffen, die es zuvor nicht gegeben hat. Darüber hinaus werden Mitarbeiter in den IT-Abteilungen im Bezug auf Kosten sensibilisiert. Durch die Abschätzung der TCOs im Vorfeld eines Projekts kann darüber hinaus eine Entscheidung zur Durchführung eines Projekts getroffen werden.[133]

Nachteile des TCO-Modells

Der größte Nachteil der verschiedenen TCO-Modelle ist die fehlende Vergleichbarkeit untereinander. Darüber hinaus müssen große Teile der Berechnung geschätzt werden, wodurch es zu Abweichungen kommen kann. Hierbei lohnt es sich, in die Schätzungen der verschiedenen Werte mehrere Personen mit Erfahrung einzubinden und dann einen Mittelwert zu finden. Darüber hinaus werden in der TCO-Betrachtung nur Kosten herangezogen und keine Nutzen bewertet. Bei nachfolgender Optimierung bedeutet dies, dass eine Reduktion der Kosten erfolgt ohne auf den Nutzen zu achten.[134]

3.3 Zusammenfassung

Dem Unternehmen und seinem Management stehen weitreichende Methoden zur Verfügung, um die IT-Infrastruktur und mögliche anstehende Projekte zu bewerten. Diese reichen von der reinen Betrachtung der tatsächlich zu erwartenden und direkt zuordenbaren Kosten beim RCO, über die Betrachtung der Gesamtkosten bei den TCO-Modellen bis hin zur Gegenüberstellung von Kosten und Nutzen bei der Betrachtung des Return on Investment oder der Net Present Value-Methode.

Betrachtet ein Unternehmen zwei unterschiedliche Lösungen für ihre IT-Infrastruktur, muss darauf geachtet werden, dass die beiden Lösungen mit dem gleichen oder zumindest mit einem ähnlichen Modell bewertet werden. Geschieht dies nicht, werden die Ergebnisse verfälscht und damit ist die Vergleichbarkeit nicht mehr gegeben. Ein gutes Beispiel hierfür stellt der Vergleich von Daten für eine E-Maillösung aus der Cloud, welche mit dem RCO-Modell berechnet wurden, mit den Kosten einer OnPremise-Lösung, welche auf Grundlage des TCO-Modells von Gartner ermittelt wurden, dar. Hierbei werden direkte Kosten mit der Summe aus direkten und indirekten Kosten verglichen.

Im nächsten Kapitel wird ein Modell zur Erfassung aller Kosten bei dem Einstieg, dem Umstieg und dem Betrieb von Cloud Computing Diensten erstellt.

---

[133]Vgl. Martin Wild (2000), S. 27.
[134]Vgl. Martin Wild (2000), S. 28.

4 Anpassung des IT-Controllings auf Cloud Computing

Innerhalb des letzten Kapitels wurden verschiedene Möglichkeiten aufgezeigt, die eine Bewertung von IT-Investitionen und damit auch eine Bewertung über den Erfolg eines Projekts ermöglichen. Da sich die Cloud Computing-Dienste in ihrer Struktur von den Diensten in der herkömmlichen IT stark unterscheiden, muss eine Anpassung an den im letzten Kapitel erörterten Methoden vorgenommen werden. Diese müssen aber so durchgeführt werden, dass sich auch weiterhin Cloud-Dienste mit OnPremise-Lösungen vergleichen lassen. Auf den folgenden Seiten wird diese Anpassung durchgeführt. Beginnend mit der Berechnung des Return on Investment bis hin zur Zusammenstellung der Total Cost of Ownership

4.1 Kosten- und Nutzenbestandteile der ROI-Berechnung für die Cloud

Die Return on Investment Berechnung besteht wie im letzten Kapitel bereits erörtert insbesondere aus den beiden Bestandteilen Kosten und Nutzen. Durch den Einsatz von Cloud Computing werden die direkten Kosten anhand der monatlichen Gebühren für die Nutzung eines Cloud-Dienstes festgelegt. Die Frage, wie man den Nutzen berechnet, bleibt jedoch offen, da sich keine unmittelbaren monetären Vorteile aus der Verwendung von Cloud Computing ziehen lassen. Vielmehr muss beachtet werden, welchen Nutzen die Verwendung von Cloud-Diensten gegenüber der herkömmlichen IT-Struktur hat. The Open Group hat sich unlängst mit diesem Thema befasst und dazu ein Whitepaper veröffentlicht. In diesem werden sechs Punkte genannt, die es ermöglichen, den Nutzen von Cloud-Diensten zu bestimmen.

Geschwindigkeit der Kostenersparnis durch Einführung von Cloud Computing

Durch die Adaption von Cloud Computing lassen sich die Kosten für die Einführung von neuen Diensten reduzieren. Dies hängt insbesondere damit zusammen, dass die Zeit zwischen einer Entscheidung und der tatsächlichen Einführung durch die Auswahl von vordefinierten Services verkürzt wird. Die nachfolgende Abbildung zeigt auf, wie durch den Wechsel von investitionsgetriebenen Kosten auf Betriebskosten der erste Schritt zur Kostenreduzierung vollzogen wird. Die weitere Reduktion der Kosten wird dadurch realisiert, dass Entwicklungsumgebungen schneller in Produktivumgebungen umgesetzt werden können als bisher.[135]

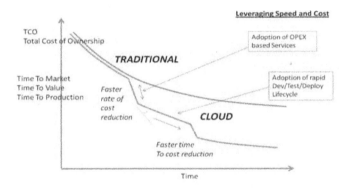

Abbildung 23: Geschwindigkeiten der Kostenersparnis
Quelle: Entnommen aus Skilton (2010, o.A.)

---

[135]Vgl. Skilton (2010), o.S.

Optimierung der Total Cost of Ownership

Eine Optimierung des Total Cost of Ownership bei Cloud-Diensten kommt dadurch zustande, dass der Endanwender genau definieren kann, welche Dienste er benötigt und er bereits bei der Entscheidungsfindung mitwirken kann. Ein gutes Beispiel ist die Integration von Office 365 in das Unternehmen. Hier kann die Fachabteilung teilweise sogar die Administration des Dienstes übernehmen und kann damit die Bedürfnisse besser umsetzen.[136]

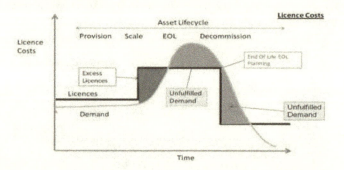

Abbildung 24: Graphische Darstellung zur Optimierung des TCO
Quelle: Entnommen aus Skilton (2010, o.A.)

---

[136]Vgl. Skilton (2010), o.S.

Schnelle Einführung und Skalierbarkeit

Durch den Bezug einer Cloud-Dienstleistung ist es möglich, bei der Einführung neuer Systeme deutlich Zeit einzusparen. Da die Systeme durch Anbieter bereits vorkonfiguriert angeboten werden, kann der Kunde sich auf die Planung konzentrieren und bei Bedarf auf die vorkonfigurierten Systeme der Anbieter zurückgreifen. Die Bestellung von eigener Hard- und Software entfällt komplett. Entscheidet sich ein Unternehmen für einen Dienst aus der SaaS-Ebene, ist die zeitliche Ersparnis immens, denn es kann nach der Planungsphase innerhalb kürzester Zeit einen Dienst bestellen, bei Bedarf anpassen und dann in Betrieb nehmen. Bei der herkömmlichen Variante müsste das Unternehmen eine längere Planungsphase einplanen, die Bestellung würde länger dauern und auf Grund der Installation vor Ort würde dies auch länger dauern. Aus diesem Grund würde sich die Einführung vor Ort wesentlich länger hinziehen als der Bezug einer Dienstleistung von einem Cloud-Anbieter. Darüber hinaus ist es für den Kunden möglich, auf erhöhten Ressourcenbedarf zeitnah zu reagieren und damit mögliche Umsatzverluste zu vermeiden.[137]

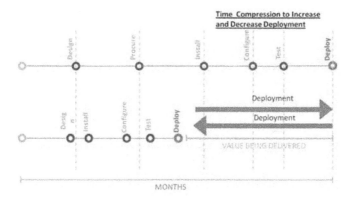

Abbildung 25: Zeitliche Optimierung der Einführung neuer Dienste
Quelle: Entnommen aus Skilton (2010, o.A.)

---

[137]Vgl. Skilton (2010), o.S.

Gewinnmaximierung

Durch den Einsatz von kostengünstigen Diensten, kann der Gewinn erhöht werden. Das ist keine neue Erkenntnis. Doch durch den Einsatz von Cloud Computing können die Anfangsinvestitionen minimiert werden. Das ist besonders für Softwareentwickler interessant. Diese können durch Nutzung der PaaS-Ebene ihre Investitionen während der Entwicklung minimieren, jedoch bei Erfolg des Produktes die benötigten Ressourcen flexibel nach oben anpassen. Durch diese Flexibilität am Anfang der Entwicklungsphase, können während der Verkaufsphase höhere Gewinnspannen erzielt werden. Dies ist in der folgenden Abbildung gut zu sehen.[138]

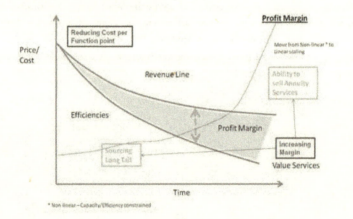

Abbildung 26: Erweiterung der Gewinnspanne durch Flexibiltät der Cloud
Quelle: Entnommen aus Skilton (2010, o.A.)

---

[138]Vgl. Skilton (2010), o.S.

Flexibilität durch Cloud-Dienste - Skallierung auf höchstem Niveau

Die Flexibilität an sich ist ein wichtiger Punkt für das Cloud Computing. So kann ein Unternehmen nicht nur zwischen verschiedenen Anbietern wählen, sondern kann auch innerhalb der Produkte der verschiedenen Anbieter dynamisch die Leistungen seinen Anforderungen entsprechend anpassen. Die Spanne der Cloud-Dienste reicht von kostenlosen Angeboten wie Google Mail, über Angebote mit eingeschränktem Support wie Office 365 für kleine Unternehmen bis hin zu hoch komplexen Service Level Agreements wie zum Beispiel bei Microsoft CRM Online oder Amazon S3. Diese Auswahlmöglichkeit für Unternehmen spielt eine sehr entscheidende Rolle bei der ROI-Betrachtung.[139] Je nach Anbieter können Anpassungen der verfügbaren Ressourcen sowohl nach oben als auch nach unten vorgenommen werden. Der Nutzen daraus kann monetär gemessen werden.

Einhaltung von Richtlinien

Der letzte, aber nicht weniger relevante Punkt bei der Berechnung des ROI von Cloud-Diensten, ist die Betrachtung von vorhandenen und zu schaffenden Richtlinien. Für Firmen wird es möglich, durch den Einsatz von Cloud Computing, die Schadstoffemissionen, die durch den Betrieb von Rechenzentren anfallen, an die Cloud-Anbieter abzugeben. Die Anbieter von Cloud-Diensten müssen wiederum ihre Rechenzentren kosteneffizient und umweltschonend betreiben. Durch die Konzentration auf die Rechenzentren der Anbieter, wird es möglich, kosten- und energiesparendere Technologien einzusetzen, was wiederum den Preis für die Dienste drückt. Darüber hinaus sind die Cloud-Anbieter darauf bedacht, gesetzliche- und IT-Richtlinien einzuhalten, um die Dienste gegenüber Angriffen von Dritten zu schützen. Die folgende Abbildung zeigt, durch welchen Effekt die Verwendung von Cloud Computing umweltschonender ist als traditionelle Rechenzentren. Durch die Verwendung von Green-IT-Diensten werden Kosten für Strom, Kühlung und Abgase eingespart. Dies hat einen direkten monetären Nutzen für jedes Unternehmen.[140]

[139]Vgl. Skilton (2010), o.S.
[140]Vgl. Skilton (2010), o.S.

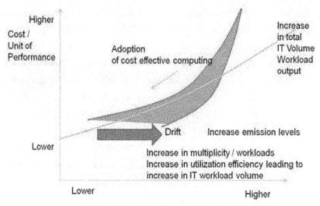

Abbildung 27: Effekt des Cloud Computing auf Green-IT
Quelle: Entnommen aus Skilton (2010, o.A.)

Das Thema Return on Investment ist wichtig, denn es zeigt die Vorteile des Cloud Computing gegenüber herkömmlichen Lösungen auf. Jedoch muss differenziert betrachtet werden, welche Punkte als wichtig erachtet werden und damit eine größere Aufmerksamkeit erfordern. Die Berechnung des Return on Investment ist daher auch beim Thema Cloud Computing nicht einfach, jedoch gibt es einige Anhaltspunkte, die eine Berechnung oder eine Abschätzung ermöglichen. Unter Verwendung der in Kapitel drei definierten Formel für die Berechnung des ROI, ergibt sich folgende ROI-Formel in Bezug auf Cloud Computing-Projekte:

$$ROI_{cp} = \frac{Nutzen}{Kosten} = \frac{Ersparnisse_{Cloud} + Nutzen}{Kosten_{Cloud}} \tag{13}$$

4.2 Anpassung des TCO-Modells nach Gartner auf die Cloud

Nachdem die Bewertungen der Kosten und Nutzen auf den letzten Seiten stattgefunden hat, soll im folgenden das TCO-Modell nach Gartner auf die Besonderheiten der Cloud angepasst werden. Im ersten Schritt werden die direkten Kosten betrachtet und bewertet, danach folgen die indirekten Kosten, bevor zum Ende eine Gesamtstruktur gezeichnet wird.

Direkte Kosten im TCO-Cloud-Modell

Durch den Einsatz von Cloud Computing entfällt ein wesentlicher Teil der direkten Kosten oder wird reduziert, denn die Kostenkategorie Hard- und Software hat das Unternehmen nicht mehr zu tragen. Das Unternehmen kauft sich eine Dienstleistung bei einem Cloud-Anbieter und gibt damit die Verantwortung über diesen Kostenbereich an den Anbieter ab. Jedoch wird diese Kostenkategorie durch eine neue ersetzt. So müssen zwar jetzt nicht mehr die Hard- und Softwarekosten betrachtet werden, jedoch müssen die fortlaufenden Kosten für die Beanspruchung der Cloud-Dienste berücksichtigt werden. Es findet also eine Veränderung der Kostenart hin zu 100 Prozent Dienstleistungskosten statt.

Auch innerhalb des operativen Bereichs müssen Anpassungen vorgenommen werden. So benötigt das Unternehmen keine Mitarbeiter mehr, die sich um die OnPremise-Infrastruktur kümmern und diese warten, wodurch diese Lohnkosten entfallen, jedoch muss der Einsatz der Cloud-Dienste geplant und realisiert werden. Darüber hinaus entstehen neue Tätigkeitsfelder in der Verwaltung der Cloud-Dienste, die zum Beispiel den Bereich des ethnischen Supports und des Datenbankmanagements ablösen.

Die Kostenkategorie der Verwaltung bleibt weitestgehend von Anpassungen verschont. Jedoch muss betrachtet werden, wie sich aufgrund der veränderten Dienstleistung die Struktur innerhalb dieser Kategorie verändert. Vermutlich ist im ersten Schritt ein höherer Schulungsbedarf der IT-Mitarbeiter zu sehen und eine Minderung im Kostenblock der Verwaltungs- und Finanzaufgaben.

Indirekte Kosten im TCO-Cloud-Modell

Der zweite Teil des TCO-Modells behandelt die indirekten Kosten der Gesamt-IT-Infrastruktur bzw. eines Einzelprojekts. Der Kostenfaktor der Endanwenderaktivitäten bleibt durch den Einsatz der Cloud unberührt. Jedoch müssen im Bereich der Ausfallzeiten die Eigenschaften der Cloud einkalkuliert werden. So gibt es bei den meisten Cloud-Anbietern keine geplanten Ausfallzeiten, was diesen Punkt obsolet werden lässt. Fallen in der OnPremise-Infrastruktur Bereiche der IT aus, so müssen die Gesamtkosten für den Stillstand der Produktion durch das Unternehmen getragen werden. Fallen jedoch Teile oder gesamte Cloud-Dienste aus, so kann das Unternehmen von dem Cloud-Anbieter Entschädigung für den Ausfall verlangen. Diese Entschädigungen sind in den SLAs des Anbieters geregelt und reichen von teilweiser Rückerstattung der monatlichen Kosten über die Gesamtrückerstattung bis hin zu Strafzahlungen.

Aus dem soeben erörterten Sachverhalt, ergeben sich die, in der nächsten Abbildung aufgezeigten Anpassungen, bezüglich der Berechnung des TCOs für Cloud-Dienste.

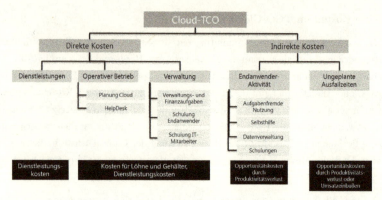

Abbildung 28: Gartners TCO-Modell angepasst auf Cloud Computing
Quelle: Eigene Darstellung

Viele Unternehmen setzen auch auf die Cloud Variante Hybrid Cloud. Um die Berechnung der TCOs für eine Hybrid Cloud durchzuführen, ist es notwendig, sowohl die Kosten der OnPremise-Infrastruktur nach Gartner TCO-Modell als auch die Cloud Seite nach dem oben entwickelten TCO-Modell zu betrachten. Am Ende werden diese beiden Betrachtungen zu einem Gesamtbild zusammengefügt.

4.3 Zusammenfassung

Es ist derzeit bereits möglich eine Cloud-Infrastruktur mit einer OnPremise-Lösung zu vergleichen. Jedoch muss die Anpassung der Modelle und Berechnungen durch die Unternehmen erfolgen, da es im Moment noch keine verifizierten Lösungsansätze für den Vergleich von OnPremise- und Cloud-Lösungen gibt.

5 Einführung von Exchange Online aus Sicht des IT-Controllings - Das Praxisbeispiel

In den letzten vier Kapiteln wurde das Cloud Computing an sich erörtert, das IT-Controlling und seine Werkzeuge betrachtet und diese Werkzeuge dann zur Anwendung auf Cloud-Dienste angepasst. Anhand des folgenden Praxisbeispiel werden diese Erkenntnisse nun angewendet.

5.1 Das Szenario

Im Frühjahr 2010 beschäftigte ein Unternehmen 300 Mitarbeiter. 35 Prozent dieser Mitarbeiter saßen beim Kunden vor Ort und erbrachten dort Dienstleistungen. In den meisten Fällen arbeiteten sie sogar mit der Hardware des Kunden. Dieser Umstand machte es fast unmöglich, die Mitarbeiter in das Unternehmensnetzwerk zu integrieren. Den Mitarbeitern stand als Kommunikationsebene eine Weboberfläche zur Verwaltung ihrer unternehmensinternen E-Mails zur Verfügung. Die Mitarbeiter, die bei Konzernkunden eingesetzt wurden, hatten darüber hinaus einen Outlook-Client mit einer E-Mailadresse des Kunden. Für schnelle Kommunikation zwischen der Zentrale und den Mitarbeitern, wurde auf den Microsoft Live Messenger in Verbindung zum Communicator-Dienst der Kunden zurückgegriffen. Die Mitarbeiter beim Kunden vor Ort hatten sonst keine Möglichkeit auf die Infrastruktur des Unternehmens zuzugreifen. Sie konnten keine Kontakte untereinander tauschen oder Meetings über eine Kalenderfunktion planen. Sie waren ebenfalls von der Planung wichtiger Unternehmensressourcen, wie zum Beispiel den Poolfahrzeugen abgeschnitten.

In der Zentrale zeichnete sich ein etwas anderes Bild ab. Am Standort des Headquarters befanden sich drei Server, welche die Verwaltung des Active Directories und andere Dienste übernahmen. Darüber hinaus stellte die Server mehrere Netzwerkfreigaben zur Verfügung. Eine für die allgemeine Ablage von Daten und die andere für die Verwendung durch die Managementebene. Darüber hinaus verfügte das Unternehmen über einen weitere Niederlassung. Eine Verbindung zwischen den Standorten wurde über eine OpenVPN-Leitung gewährleistet. Die Bandbreite betrug im Headquarter 5 MBit/s Up- und Download und am Standort der Niederlassung nur 16 MBit/s download und 2 MBit/s Upload. Als Backupkonzept der Server wurden die virtuellen Maschinen einmal in der Woche auf USB-Festplatten übertragen und vom Vorstand im privaten Safe verwahrt. Clientseitig war die Umgebung heterogen aufgebaut. Es wurde sowohl mit Windows 7-Rechnern als auch mit MacBooks gearbeitet. Dadurch kam es immer wieder zu Schwierigkeiten, was zum Beispiel die Bearbeitung von Dokumenten angeht. Die Verwaltung der Client-Rechner oblag den Mitarbeitern. Jeder Mitarbeiter hatte Administrationrechte auf seinem Arbeitsgerät. Als Mobiltelefonlösung wurden Apple iPhones

3GS eingesetzt. Um den Zugriff auf die IT-Infrastruktur auch von außen sicherstellen zu können, wurde ein OpenVPN-Netzwerk aufgebaut.

Neben den Server in der Zentrale und der Niederlassung wurde ein Dedicated Server bei einem großen deutschen Hoster angemietet. Auf diesem Server wurden unterschiedliche virtuelle Maschinen aufgesetzt. Es gab jeweils eine virtuelle Umgebung zur Verwaltung der Website, des E-Mailverkehrs mit Weboberfläche und OpenVPN. Als Betriebssystem kam auf allen Maschinen ein Linux-Derivat zum Einsatz. Verantwortlich für diesen Server waren drei interne Mitarbeiter. Der interne Verrechnungssatz der Mitarbeiter betrug dabei 65 €.

Die Kostenstruktur der IT wird in Abbildung 29 verdeutlicht. Hier wird ersichtlich, dass die Personalkosten mit gut 70 % den größten Kostenanteil darstellen.

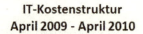

IT-Kostenstruktur
April 2009 - April 2010

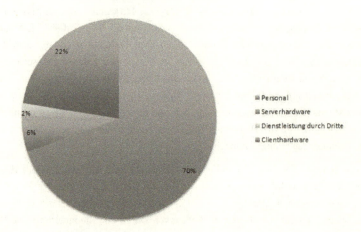

Abbildung 29: IT-Kostenstruktur des Unternehmens von 04/2009 bis 04/2010
Quelle: Eigene Darstellung

Da die E-Maillösung auf Basis des IMAP-Servers nicht mehr den wachsenden Anforderungen gerecht werden konnte, wurde im Frühjahr 2010 ein Projekt zur Beschaffung eines E-Mailsystems mit Verwaltung von Kalendern und Kontakten gestartet. Als Lösungen wurden im ersten Schritt Microsoft Exchange 2010 und Exchange Online von der Unternehmensführung in Zusammenarbeit mit den IT-Mitarbeitern ausgewählt. Hierfür wurden Angebote von unterschiedlichen IT-Dienstleistern eingeholt. Im folgenden wird das beste Angebot für die OnPremise-Lösung und das beste Angebot zur Migration auf Exchange Online dargestellt.

Blech, Lizenzen und jede Menge Consultingstunden - Exchange OnPremise

Der Aufbau einer ausfallsicheren Lösung für Exchange OnPremise benötigt Hardware, Softwarelizenzen und Einrichtungsaufwand. Um eine Ausfallsicherheit sicherstellen zu können, wurden Angebote eingeholt, die mindestens aus zwei Exchangeservern bestanden. Die Kosten für das nach Meinung des Unternehmen besten Angebotes setzen sich wie folgt zusammen:

- Hardwarekosten inklusive Backupdevice: 35.000 €

- Softwarelizenzen für Exchange 2010 (inklusive User Client-Acces-License): 38.000 €

- Planung, Installation und Migration: 15.000 €

- Wartungsvertrag pro Monat: 1.200 €

Die Gesamtsumme für die erstmalige Installation und Migration der Daten lag in der Summe also bei 88.000 € und der Wartungsvertrag hätte bei einer Laufzeit von 36 Monaten Kosten in Höhe von weiteren 43.200 € erzeugt. Die Gesamtsumme des Angebots belief sich daher auf 131.200 €

Lizenz von Microsoft und Service vom Partner - Exchange Online

Eine Lizenz von Exchange Online kann direkt von Microsoft bezogen werden. Da sich aber keiner der IT-Mitarbeiter zu diesem Zeitpunkt eine Migration vom IMAP-Server auf Exchange Online zutraute, wurde ein Partner gesucht der die Migration übernimmt. Im Zuge der Verhandlung und dem Wunsch des Kunden folgend, die Kosten für die Einrichtung und Migration nicht auf einmal zu bezahlen, wurde von dem Microsoft Partner ein Angebot mit folgenden Kennzahlen erstellt:

- Microsoft Exchange Online Lizenz pro Benutzer und Monat: 4,26 €

- Migration und Einrichtung von Exchange Online pro Benutzer und Monat bei einer Laufzeit von 36 Monaten: 2,74 €

- Ansprechpartner für Administratoren bei Problemen mit Exchange Online pro Benutzer und Monat bei einer Laufzeit von 36 Monaten: 2 €

Daraus ergibt sich ein Preis pro Benutzer und Monat von 9 €. Hochgerechnet auf eine Gesamtlaufzeit von drei Jahren ergeben sich eine Gesamtsumme des Angebots von 97.200 €.

Anhand dieser Angebote und einer Abschätzung des Nutzen durch die Verwendung von Microsoft Exchange-Diensten, wird nun zuerst eine Berechnung der TCOs durchgeführt und im Anschluss die beiden Angebote durch Anwendung der ROI-Berechnung miteinander verglichen.

5.2 Einführung von Exchange - Betrachtung der TCOs

Die Einführung eines neuen E-Mail Systems muss gut durchdacht werden. Es fallen nämlich neben den offensichtlichen Kosten, die durch Dienstleistungen entstehen, auch noch andere, sowohl innerhalb der IT-Abteilung als auch beim Endanwender, Kosten an. Die TCOs werden in diesem Abschnitt für die OnPremise-Lösung anhand des TCO-Modells von Gartner und für die Cloud-Lösung anhand des in Kapitel vier erarbeiteten Modells errechnet.

TCO für die OnPremise-Lösung

Bei der Betrachtung der TCOs werden nun zuerst die direkten Kosten ermittelt und zusammengefasst. Anhand des Angebots werden die Bereiche der Hard- und Software bereits komplett und Teile der operativen Kosten ebenfalls bereits abgedeckt. Dadurch ergeben sich Kosten für Software- und Hardware von 88.000 €.

Die Wartung des Exchange-Systems fällt in den operativen Kostenbereich. Hinzu kommen der Betrieb des HelpDesks durch das Unternehmen. Dieser wird mit zusätzlichen vier Stunden pro Woche veranschlagt. Daraus ergeben sich folgende Kosten für den operativen Bereich über den Zeitrum von 36 Monaten:

$$C_o = Wartungsvertrag + HelpDesk = \qquad (14)$$

$$43200 Eur + ((4Std * 156 Wochen) * 65 Eur) = 83.760 Eur \qquad (15)$$

In der Kostenkategorie Verwaltung werden besonders Kosten für die Schulung der IT-Mitarbeiter und der Aufwand zur Schulung der Endbenutzer erwartet. Für die Schulung der drei vorhandenen IT-Mitarbeiter werden jeweils zwei Wochen bei einem Anbieter für technische Schulungen veranschlagt. Die Kosten dafür betragen je Mitarbeiter 4.300 €. Die Endanwender sollen in Gruppen von 20 Personen jeweils 1,5 Stunden geschult werden. Für die Schulungen werden die Mitarbeiter aus der IT-Abteilung eingesetzt. Der Aufwand zur Verwaltung des Dienstleisters wird auf drei Stunden pro Monat geschätzt. Die Berechnung der Kosten für Verwaltung ergibt folgendes:

$$C_v = Verwaltung + Schulung_{IT} + Schulung_{User} = \qquad (16)$$

$$((3Std * 36) * 65) + 4300 Eur * 3 + ((1,5Std * 15) * 65 Eur) = 21.382,50 Eur \qquad (17)$$

Der TCO Bereich der direkten Kosten beläuft sich also auf insgesamt 193.142,50 €.

Im Bereich der indirekten Kosten hatten die Geschäftsführung und die IT-Mitarbeiter entschieden, insbesondere die Themen Schulungsmaßnahmen und ungeplante Ausfälle zu untersuchen. Jeder Mitarbeiter erhält eine 1,5 Stunden dauernde Schulung zur Verwendung der neuen Features. Der interne Verrechnungssatz pro Mitarbeiter beträgt 40 €. Darüber hinaus gehen die IT-Mitarbeiter davon aus, dass in den nächsten 36 Monaten insgesamt ungeplante Ausfälle in Höhe von 30 Minuten zu erwarten sind. Daraus ergeben sich folgende indirekte Kosten:

$$C_i = Schulung_{User} + Ausfall_u = \qquad (18)$$

$$((1,5Std * 300) * 40Eur) + ((0,5Std * 300) * 40Eur) = 24.000,00Eur \qquad (19)$$

Nach der Betrachtung der direkten und der indirekten Kosten, ist es nun möglich, eine Aussage über die Total Cost of Ownership für die OnPremise-Lösung zu treffen:

$$TCO_{OnPremise} = C_d + C_i = 193.142,50Eur + 24.000,00Eur = 217.142,50Eur \qquad (20)$$

Die folgende Grafik verdeutlicht die Zusammensetzung der einzelnen Kosten zu den Total Cost of Ownership.

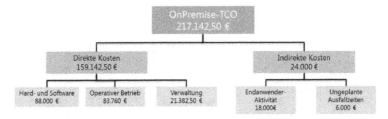

Abbildung 30: OnPremise-TCOs im Praxisbeispiel
Quelle: Eigene Darstellung

TCO für die Cloud-Lösung

Die Cloud-Lösung wird nach dem TCO-Modell aus Kapitel vier betrachtet. Hierbei fällt auf, dass sich die direkten Kosten nur in den Bereichen Hard- und Software bzw. Dienstleistungen und operativer Betrieb ändern. Die indirekten Kosten der Cloud-Lösung unterscheiden sich nur in der Kategorie Ausfallzeiten. Die anderen Kostenkategorien bleiben von einem Wechsel in die Cloud-Lösung unberührt.

Die Dienstleistungskosten betragen laut Angebot 75.600 € und durch die niedrigeren Kosten für den Wartungsvertrag sinken die Kosten des operativen Betriebs auf 62.160 €. Für die direkten Kosten ergibt sich dann folgende Berechnung:

$$C_d = 75.600Eur + 62.160Eur + 21.382,50Eur = 159.142,50Eur \qquad (21)$$

Auf Seiten der indirekten Kosten geht das Unternehmen davon aus, dass aufgrund von ungeplanten Ausfällen von 30 Minuten, eine durch den SLA vorgeschriebene Rücker-stattung der monatlichen Gebühren von Microsoft zu erwarten ist. Daraus ergibt sich folgende Berechnung

$$C_i = Schulung_{User} + Ausfall_u - Refunding = \qquad (22)$$
$$((1,5Std * 300) * 40Eur) + ((0,5Std * 300) * 40Eur) - (4,26Eur * 300) \qquad (23)$$
$$= 22.722,00Eur \qquad (24)$$

Bildet man aus den direkten und indirekten Kosten die Summe, ergeben sich die TCO des Cloud-Dienstes Exchange Online für die nächsten 36 Monate. Diese betra-gen 181.864,50 € und sind damit rund 35.000 € niedriger als die TCOs der OnPremise-Variante. Nachfolgende Abbildung verdeutlicht wiederum die Zusammensetzung der TCOs der Cloud-Lösung.

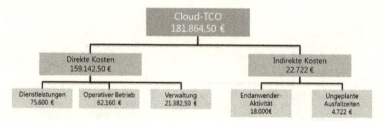

Abbildung 31: Cloud-TCOs im Praxisbeispiel
Quelle: Eigene Darstellung

5.3 Die Abschätzung des Return on Investment

Zur Berechnung des Return on Investment werden folgende bereits in Kapitel drei und vier betrachteten Formeln verwendet.

$$ROI_p = \frac{Kosteneinsparungen + Ertrag}{Investitionskosten + Betriebskosten} = \frac{Nutzen}{Kosten} \tag{25}$$

$$ROI_{cp} = \frac{Nutzen}{Kosten} = \frac{Nutzen}{Kosten_{Cloud}} \tag{26}$$

Als Kosten können die TCOs aus dem vorigen Kapitel herangezogen werden. Die für das Unternehmen zu gewinnenden Nutzen müssen jedoch zuerst abgeschätzt werden. Hierfür stellt die Geschäftsführung folgende Zahlen zur Verfügung. Sie sieht vor allem in der Steigerung der Produktivität der Mitarbeiter den Nutzen.

- Produktivitätssteigerung pro Mitarbeiter und Tag im ersten Jahr: 2 Minuten

- Produktivitätssteigerung pro Mitarbeiter und Tag im zweiten Jahr: 5 Minuten

- Produktivitätssteigerung pro Mitarbeiter und Tag im dritten Jahr: 7 Minuten

- Arbeitstage pro Jahr nach Abzug von Urlaub und Krankheit: 172 Tage

- Durchschnittlicher interner Verrechnungssatz von Mitarbeitern pro Stunde: 40 €

Zur Berechnung der tatsächlichen Nutzen pro Jahr wurde folgende Formel verwendet.

$$Nutzen_t = \frac{Prodsteigerung * MA * Arbeitstage_{Jahr}}{60} * Verrechnungssatz \tag{27}$$

Durch Berechnung der Formel ergeben sich folgende Nutzwerte für die drei Jahre:

$$Nutzen_1 = \frac{2min * 300 * 172}{60min} * 40Eur = 68.800Eur \tag{28}$$

$$Nutzen_2 = \frac{5min * 300 * 172}{60min} * 40Eur = 172.000Eur \tag{29}$$

$$Nutzen_3 = \frac{7min * 300 * 172}{60min} * 40Eur = 240.800Eur \tag{30}$$

Als Gesamtnutzen über 36 Monate erwartet die Geschäftsführung also einen Wert von 481.600 €. Damit ist bereits jetzt klar, dass sowohl die OnPremise- als auch die Cloud-Lösung eine positive Auswirkung auf das Unternehmen hätten, da der Nutzen die Kosten übersteigt. Der ROI dient aber zum Vergleich zweier Lösungen. Der ROI der On-Premie Lösung beträgt:

$$ROI_p = \frac{Nutzen}{Kosten} = \frac{481.600Eur}{217.142,50Eur} = 2,217 \tag{31}$$

Der Return on Investment der Cloud-Lösung beträgt hingegen:

$$ROI_{cp} = \frac{Nutzen}{Kosten_{Cloud}} = \frac{481.600Eur}{181.864,50} = 2,648 \tag{32}$$

Durch die Berechnung des ROI kann also nachgewiesen werden, dass für dieses Unternehmen die Exchange-Variante aus der Cloud die Lösung mit dem höheren Nutzen ist und daher diese Lösung vorgezogen werden sollte.

6 Fazit

Cloud Computing ist im Begriff, eine wichtige Komponente der zukünftigen IT-Infrastruktur zu werden. Vor allem die Stichworte Skalierbarkeit und Kostenreduktion verhelfen dem neuen Thema Cloud Computing zu Beachtung in der breiten Masse. Aber auch die Möglichkeit mit der Cloud die eigene IT-Infrastruktur zu standardisieren, übt auf viele Unternehmen einen gewissen Reiz aus.

Sind einmal die datenschutz- und datensicherheitsbetreffenden Bedenken überwunden, können sich IT-Verantwortliche darüber Gedanken machen, wie sie die Cloud in ihrem Unternehmen einsetzen möchten. Hierbei steht bei vielen ITlern der technische Aspekt im Vordergrund. Sie beschäftigen sich mit den verschiedenen Ebenen und Varianten der Cloud und versuchen durch Erstellung von Konzepten einen möglichen technischen Weg zur Einbindung von Cloud-Diensten aufzuzeigen. Sicherlich ist dieser Bereich der Cloud interessant und es müssen auch Konzepte für die Integration erstellt werden. Bei aller Begeisterung für das Thema, darf aber nicht vergessen werden, dass die Budgets der IT begrenzt sind.

Wie diese Arbeit gezeigt hat, lohnt sich auch ein Blick auf die Kostenstrukturen der Cloud. Die Cloud-Dienste müssen dabei nicht den Vergleich mit den angestammten Diensten aus der internen Infrastruktur scheuen. Denn oft werden sie durch den hohen Grad der Standardisierung zu einem extrem niedrigen Preis angeboten. Die Total Cost of Ownership liegen daher meist unter den Diensten aus der OnPremise-Welt. Nicht zuletzt auch, weil durch den Einsatz von Cloud-Diensten eigenes Personal von der Verwaltung aus Standarddiensten befreit wird. Diese freigewordenen Ressourcen können im nächsten Schritt andere Themen, wie zum Beispiel die Einführung von BI-Systemen, vorantreiben und bieten damit einen erheblich höheren Mehrwert für ein Unternehmen als beim Lesen von Server- oder Exchange-Logs.

Um einen fairen Kostenvergleich zwischen der Cloud und OnPremise-Diensten ziehen zu können, müssen oft vorhandene Methoden, wie zum Beispiel die des TCO von Gartner oder dem ROI, auf die Gegebenheiten der Cloud angepasst werden. Es darf jedoch nicht der Fehler begangen werden, bestehende Methoden dahingehend anzupassen, dass sie sich nicht mehr mit Berechnungen der ursprünglichen Form vergleichen lassen. Passiert dies, haben Berechnungen und Vergleiche Ihren Wirkungsfaktor verloren.

Abschließend ist zu sagen, dass das Thema Cloud Computing noch einige Zeit brauchen wird, um auch innerhalb deutscher Unternehmen als Fokusthema genannt werden zu können. Besonders die Themen Datenschutz und Datensicherheit bereiten deutschen IT-Verantwortlichen noch Kopfschmerzen. Aber in den letzten Wochen engagiert sich z.B. die T-Systems vermehrt im Bereich der Deutschland-Cloud und es ist abzuwarten welche Systeme dort entwickelt werden.

Auf dem Bereich der Wissenschaft bleiben besonders die Fragen offen, wie ein Unternehmen sich gegen ein Insolvenz eines Cloud-Anbieter schützen kann und wie die deutsche Gesetzgebung in den nächsten Jahren auf das Thema Cloud Computing reagieren soll, kann und muss.

Literaturverzeichnis

Abel, Ralf B.: Bundesdatenschutzgesetz. Heymanns Verlag GmbH, 2011

Brugger, Ralph: Der IT Business Case. 2. Auflage. Springer, 2009

Chun Chen, Gang Chen, Dawei Jiang: Providing Scalable Database Services on the Cloud. Lectzres Notes in Computer Science, 6488/2010 2010, 1–19

Daniele Catteddu, Giles Hogben: Cloud Computing - Benefits, risks and recommendations for information security. 8 2009

Fox, Dirk: Betriebswirtschaftliche Bewertung von Security Investments in der Praxis. DuD - Datenschutz und Datensicherheit, 1 2011, S. 50–55

John W. Rittinghouse, James F. Ransome: Cloud Computing - Implementation, Management and Security. CRC Press, 2010

Lamia Youseff, Maria Butrico, Dilma Da Silva: Toward a Unified Ontology of Cloud Computing. 2008

Laufer, Oskar: IBM LotusLive and Lotus Foundations. 08 2009

Martin Wild, Sascha Herges: Total Cost of Ownership (TCO) - Ein Überblick. Arbeitsbericht Nr. 195 des Instituts für Wirtschaftsinformatik 01 2000

Michael Armbrust, Armando Fox: A View of Cloud Computing. Communications of the ACM, 53 4 2010, Nr. 4, S. 60–68

Ninja Marnau, Eva Schlehahn: Cloud Computing und Safe Harbor. DuD - Datenschutz und Datensicherheit, 35 5 2011, Nr. 5, S. 311–316

o.V.: Microsoft Annual Report 2006. 09 2006

o.V.: Amazon Web Services – Sicherheitsprozesse im Überblick. 11 2009a

o.V.: Securing Microsoft's Cloud Infrastructure. 5 2009b

o.V.: Smart Cloud Enterprise Security. 2010

o.V.: Data Processing Agreement. 05 2011a

o.V.: IBM Annual Report 2010. 06 2011b

o.V.: Platform as a Service à la VMware. iX - Magazin für Informationstechnik, 5 2011c, S. 18

o.V.: Private Clouds Float with IBM Systems and Software. 02 2011d

o.V.: Security and Service Continuity for Enterprises. 6 2011e

o.V.: Vereinbarung zum Servicelevel für Microsoft-Onlinedienste. 6 2011f o.V.: Amazon Annual Report 2010. o.D.a

o.V.: Amazon Timeline. o.D.b

o.V.: IBM Annual Report 2009. o.D.c

Peter Mell, Timothy Grance: The NIST Definition of Cloud Computing (Draft). 01 2011

PricewaterhouseCoopers: Statistik: Herausforderungen im Cloud-Computing-Markt. 08 2010

PricewaterhouseCoopers, Martin-Luther-Universität Halle-Wittenberg: Statistik: Problembewusstsein im Management für Datenschutz 2009. 09 2009

Rajkumar Buyya, James Broberg, Andrzej Gosinski: Cloud Computing - Principles and Paradigms. Wiley, 2011

Ralf Dillerup, Tobias Albrecht: Kabitalwertmethode. Haufe Rechnungswesen Office, 1 2005, 1288477

Scanzoni, J.: Social exchange and behavioral interdependence. R. L. Burgess and T. L. Huston, 1979

Syed A. Ahson, Mohammad Ilyas: Cloud Computing and Software Services - Theory and Techniques. CRC Press, 2011

symantec: Internet Security Threat Report Volume 16. 04 2011

Thomas Weber, Uwe Götz: ZP-Stichwort: Total Cost of Ownership. Zeitschrift Planung und Unternehmenssteuerung, 19 07 2008, S. 249–257

Ulrich Egle, David Weibel: The effects of personality and situational variables on behavioral trust. Journal of Personality and Social Psychology, 25 1973, 419–427

Weichert, Thilo: Cloud Computing und Datenschutz. DuD - Datenschutz und Datensicherheit, 34 10 2010, Nr. 10, S. 679–687

66

Internetverzeichnis

Anderson, Robert W.: Cloud Services Continuum. 07 2008a ⟨URL: http://rwandering. net/2008/07/03/cloud-services-continuum/⟩ – Zugriff am 09.08.2011

Anderson, Robert W.: Cloud Services Continuum. 07 2008b ⟨URL: http://rwandering. net/2008/07/03/cloud-services-continuum/⟩ – Zugriff am 09.08.2011

Brugger, Ralph: Der IT Business Case. 2. Auflage. Springer, 2009

Brunner, Oliver: Value at Stake - IT-Erfolg ausweisen. 09 2010 ⟨URL: http://www.piir. ch/it-governance/value-at-stake.html⟩ – Zugriff am 09.08.2011

Crandell, Michael: Defogging Cloud Computing: A Taxonomy. 06 2008 ⟨URL: http: //gigaom.com/2008/06/16/defogging-cloud-computing-a-taxonomy/⟩ – Zugriff am 09.08.2011

Eikenberg, Ronald: LulzSec außer Rand und Band. 06 2011 ⟨URL: http://www. heise.de/security/artikel/LulzSec-ausser-Rand-und-Band-1261669.html⟩ – Zugriff am 09.08.2011

Frank Bensberg, Heinz Lothar Grob, Jan vom Brocke: Kostenorientiertes Controlling von E-Learning-Plattformen mit dem TCO-Konzept - Methodische Grundlagen, Softwareunterstützung und Entwicklungsperspektiven. ⟨URL: http://193.30.112.98/eleed/ archiv/issue_3/1025/⟩ – Zugriff am 09.08.2011

Gunten, Andreas Von: Software as a Service – Ein Paradigmenwechsel. 2010 ⟨URL: http://www.topsoft.ch/de/dyn_output.html?navigation.void=1546&content. cdid=1546&content.vcname=container_news&navivoid=401&comeFromOverview= true&collectionpageid=181⟩ – Zugriff am 09.08.2011

Herrmann, W.: So planen IT-Entscheider 2010 - Bedeutung der IT im Unternehmen. 3 2010a ⟨URL: http://www.computerwoche.de/management/it-strategie/ 1930207/index2.html⟩ – Zugriff am 25.06.2010

Herrmann, W.: So planen IT-Entscheider 2010 - IT-Budgets bleiben konstant. 3 2010b ⟨URL: http://www.computerwoche.de/management/it-strategie/1930207/ index4.html⟩ – Zugriff am 25.06.2010

Hoff, Christofer: Cloud Computing Taxonomy and Ontology :: Please Review. 01 2009 ⟨URL: http://rationalsecurity.typepad.com/blog/2009/01/ cloud-computing-taxonomy-ontology-please-review.html⟩ – Zugriff am 09.08.2011

Hofstader, Joseph: Communications as a Service. 11 2007 ⟨URL: http://msdn.microsoft. com/en-us/library/bb896003.aspx⟩ – Zugriff am 09.08.2011

67

Horst Wildemann, Univ.-Prof. Dr. Dr. h. c. mult.: Total Cost of Ownership Analyse (TCO). ⟨URL: http://www.tcw.de/management-consulting/servicemanagement/total-cost-of-ownership-tco-analyse-213⟩ – Zugriff am 09.08.2011

Kappen, Nils: Kostenvergleich: Exchange on Premise – Exchange SBS – Exchange Online. 09 2011 ⟨URL: http://www.himmlische-it.de/news/kostenvergleich-exchange-on-premise-exchange-sbs-exchange-online/⟩ – Zugriff am 27.12.2011

Martin Wild, Sascha Herges: Total Cost of Ownership (TCO) - Ein Überblick. Arbeitsbericht Nr. 195 des Instituts für Wirtschaftsinformatik 01 2000

Melanchthon, Daniel: Rechenzentren von Microsoft - Basis für den Erfolg in der Wolke. 07 2011 ⟨URL: http://technet.microsoft.com/de-de/edge/Video/hh352168⟩ – Zugriff am 27.07.2011

Miller, Rich: Where Amazon's Data Centers Are Located. 11 2008 ⟨URL: http://www.datacenterknowledge.com/archives/2008/11/18/where-amazons-data-centers-are-located/⟩ – Zugriff am 09.08.2011

Ostler, Ulrike: IBM-Cloud konkret, Supercomputer im Zuckerwürfel-Format und KI 2.0. 02 2011 ⟨URL: http://www.searchdatacenter.de/themenbereiche/cloud/infrastruktur/articles/302977/⟩ – Zugriff am 27.07.2011

o.V.: AWS simple monthly calculator. ⟨URL: http://calculator.s3.amazonaws.com/calc5.html⟩ – Zugriff am 25.06.2010

o.V.: Eigenbetrieb versus Cloud Computing. ⟨URL: http://www.business-cloud.de/calculator/calculator.html⟩ – Zugriff am 25.06.2010

o.V.: How much does Amazon S3 cost? ⟨URL: http://aws.amazon.com/de/s3/faqs/#How_much_does_Amazon_S3_cost⟩ – Zugriff am 21.01.2012

o.V.: Total Cost of Ownership. ⟨URL: http://www.spectraindia.com/page.php?p=4⟩ – Zugriff am 09.08.2011

o.V.: Amazon S3 Service Level Agreement. 08 2007 ⟨URL: http://aws.amazon.com/s3-sla/⟩ – Zugriff am 09.08.2011

o.V..: Amazon EC2 Service Level Agreement. 08 2008 ⟨URL: http://aws.amazon.com/ec2-sla/⟩ – Zugriff am 09.08.2011

o.V.: Microsoft: Virtualisierungstool Hyper-V fertiggestellt Microsoft: Virtualisierungstool Hyper-V fertiggestellt. 06 2008 ⟨URL: http://www.smartphone-daily.de/aid,649377/Microsoft-Virtualisierungstool-Hyper-V-fertiggestellt/Microsoft/News/⟩ – Zugriff am 09.08.2011

68

o.V.: Sicherheit und Compliance in der Cloud. 2009 〈URL: http://www.microsoft.com/austria/enterprise/article.aspx?Id=Sicherheit+und+Compliance+in+der+Cloud〉 – Zugriff am 09.08.2011

o.V.: Anonymous steigt bei Österreichs GEZ ein. 07 2011a 〈URL: http://www.heise.de/newsticker/meldung/Anonymous-steigt-bei-Oesterreichs-GEZ-ein-1284220.html〉 – Zugriff am 09.08.2011

o.V.: Gartner's 2011 Hype Cycle Special Report Evaluates the Maturity of 1,900 Technologies. 08 2011b 〈URL: http://www.gartner.com/it/page.jsp?id=1763814〉 – Zugriff am 27.12.2011

o.V.: Google data center security. 04 2011c 〈URL: http://www.youtube.com/watch?v=1SCZzgfdTBo〉 – Zugriff am 27.07.2011

o.V.: No Name Crew setzt BKA zu. 07 2011d 〈URL: http://www.stern.de/digital/online/hacker-attacken-auf-bundesbehoerden-no-name-crew-setzt-bka-zu-1707374.html〉 – Zugriff am 09.08.2011

o.V.: Dropbox Features. 2012 〈URL: https://www.dropbox.com/features〉 – Zugriff am 25.06.2010

o.V.: AWS Security and Compliance Center. o.D.a 〈URL: http://aws.amazon.com/security/〉 – Zugriff am 09.08.2011

o.V.: AWS Sicherheitszentrum. o.D.b 〈URL: http://aws.amazon.com/de/security/〉 – Zugriff am 09.08.2011

o.V.: IBM Annual Report 2009. o.D.c

Plummer, Daryl: Experts Define Cloud Computing: Can we get a Little Definition in our definitions? 01 2009 〈URL: http://blogs.gartner.com/daryl_plummer/2009/01/27/experts-define-cloud-computing-can-we-get-a-little-definition-in-our-definitions/〉 – Zugriff am 08.08.2011

PricewaterhouseCoopers: Statistik: Herausforderungen im Cloud-Computing-Markt. 08 2010

Skilton, Mark: Building Return on Investment from Cloud Computing : Building Return on Investment from the Cloud. 04 2010 〈URL: http://www.opengroup.org/cloud/whitepapers/ccroi/roi.htm〉 – Zugriff am 09.08.2011

Summer, Nikolaus: Starkes Wachstum: Prepaid-Tarife erfreuen sich großer Beliebtheit. 05 2009 〈URL: http://www.inside-handy.de/news/15477-starkes-wachstum-prepaid-tarife-erfreuen-sich-grosser-beliebtheit〉 – Zugriff am 25.06.2010

Syed A. Ahson, Mohammad Ilyas: Cloud Computing and Software Services - Theory and Techniques. CRC Press, 2011

Wolff, Eberhard: PaaS-Angebote: Übersicht und Bewertung. 07 2011 ⟨URL: http: //www.computerwelt.at/detailArticle.asp?a=135634&n=2&s=135633⟩ – Zugriff am 09.08.2011